やさしい
スポーツ医科学の
基礎知識

一般社団法人 メディカル・フィットネス協会 【監修】
藤本繁夫・大久保 衞・岡田邦夫 【編著】
三村寛一・井奥加奈・比嘉 悟・中村浩也・前田為康 【著】

嵯峨野書院

は じ め に

　近年，スポーツは①発育発達の手段：学校教育現場で体育教育の教材の一つとしてスポーツを活用，②競技力向上：各種スポーツをルールに従ってその能力を競う，③健康維持向上や楽しみの手段：公共・企業によるスポーツ施設の建設や指導者の育成，④リハビリの手段：病気や怪我等からの社会復帰の手段として役に立つことが認められています。

　文部科学省は，平成22年8月「スポーツ立国」の戦略を発表し，平成23年に『スポーツ基本法』を制定し，すべての人々にスポーツを！──スポーツの楽しみ・感動を分かち，支え合う社会を目ざして，①ライフステージに応じたスポーツ機会の創造，②世界で競い合うトップアスリートの育成・強化，③スポーツ界の連携・協同の推進，④スポーツ界における透明性や公平・公正性の向上，⑤社会全体でスポーツを支える基盤の整備の重点戦略を掲げ，実践している中，2020年に東京オリンピック・パラリンピックの開催が決定し，ますますスポーツに関する関心が高まっています。

　本書は，序と6章から構成されています。序章ではスポーツ医科学概要の観点から，①スポーツ活動に必要な体の仕組み，②スポーツ活動の効果と意義，③ドーピング防止について，第1章ではスポーツ生理学の観点から，①運動と筋肉，②運動と循環，③運動と呼吸，④運動と神経，⑤運動と骨について，第2章ではスポーツ医学の内科・外科の観点から，内科編①急性の障害，②慢性の障害，外科編①運動器と外傷・障害，②部位別　主な外傷・障害，③スポーツ現場における外傷・障害の対策について，第3章ではスポーツ栄養学の観点から，①運動と食事管理，②エネルギーと栄養のかかわり，③栄養素と栄養障害，④ジュニアを中心とするアスリートのための食事について，第4章ではトレーニングの観点から，①スポーツトレーニングの全体構造，②体力トレーニング，③技術トレーニング，④戦術トレーニング，⑤心のトレーニングについて，第5章ではストレッチングの観点から，①ストレッチングの理論，②部位別ストレッチングの実際について，第6章ではテーピングの観点から，①テーピングの目的，②テーピングの効果，③テーピングを実施する際の注意事項，④足関節内反捻挫のテーピングについてわかりやすく論じています。また「選手として健康管理［セルフケア］ができるようになること」と「将来スポーツトレーナーやスポーツ選手を目指す学生への動機づけ」を目的とし，体育系クラブに所属する学生はもちろん，日常的にスポーツや運動を行っている学生や一般の方に学んでいただきたい内容になっています。

　メディカル・フィットネス協会は，約20年の歴史を持ち，より効果的な「健康づくり」を実現

するため，医療分野と運動分野を結び付けて，全ての人々に対応できる運動習慣の普及と推進，指導者の育成と教育の充実を目的に活動しています．

　最後に本書がスポーツ選手，トレーナー，コーチ，一般運動実践者などの方々に広く活用され，スポーツの発展に役立てられることを期待しています．

　2016（平成28）年

　　　　　　　　　　　　　　　　　一般社団法人　メディカル・フィットネス協会

● 目　次 ●

はじめに……………………………………………………………………………………ⅰ

序　章 | スポーツ医科学概要　　　　　　　　　　　　　　　　　　　　　　　　1

① スポーツ活動に必要な体の仕組み……………………………………………………1
　　1　運動器の機能　　1
　　2　肺・心臓の機能　　2
　　3　脳神経系ならびに心の働き　　2
　　4　内分泌系の働き　　3

② スポーツ活動の効果と意義……………………………………………………………3
　　1　スポーツと健康　　3
　　2　スポーツと社会性　　4
　　3　スポーツと地域コミュニティ　　4
　　4　スポーツと経済　　4
　　5　スポーツと国際交流　　5
　　6　スポーツ活動の現状とこれから　　5

③ ドーピング防止…………………………………………………………………………6

第1章 | スポーツ生理学　　　　　　　　　　　　　　　　　　　　　　　　　　7

① 運動と筋肉………………………………………………………………………………7
　　1　筋肉の種類　　7
　　2　骨格筋の構造　　7
　　3　筋線維の性質とその働き　　8
　　4　筋肉の収縮様式　　9
　　5　エネルギー供給機構　　9

② 運動と循環……………………………………………………………………………11
　　1　心臓の構造と機能　　11
　　2　心臓の拍動　　12
　　3　血液の成分とその働き　　13

③ 運動と呼吸……………………………………………………………………………14

- 1 呼吸器系の構造と機能　14
- 2 呼吸のメカニズム　14
- 3 肺活量　15
- 4 酸素摂取量　16

④ 運動と神経 ……………………………………………………………… 16
- 1 神経系の構造　16
- 2 ニューロン　16
- 3 運動単位　16
- 4 身体運動（随意運動）の仕組み　17

⑤ 運動と骨 ………………………………………………………………… 17
- 1 骨の役割　18
- 2 骨の成長（骨代謝）　18
- 3 骨粗鬆症　18
- 4 骨量を高める食事と運動　18

第2章　スポーツ医学　20

Ⅰ　内　科　編 ──────────────────── 20

① 急性の障害 ……………………………………………………………… 20
- 1 スポーツ中の心臓停止　20
- 2 熱中症　23
- 3 運動に伴う気管支喘息　25
- 4 食事依存性の運動誘発性アナフィラキシー　27
- 5 高山病　28
- 6 水中での急性障害　29

② 慢性の障害 ……………………………………………………………… 30
- 1 オーバートレーニング症候群　30
- 2 スポーツ貧血　32

Ⅱ　外　科　編 ──────────────────── 35

① 運動器と外傷・障害 …………………………………………………… 35
② 部位別　主な外傷・障害 ……………………………………………… 36
- 1 上肢　36
- 2 下肢　40

         3　頭頸部　44
         4　体幹　46
   ③　スポーツ現場における外傷・障害の対策……………………………………47
         1　外傷に対する対策　48
         2　障害に対する対策　49

第3章　スポーツ栄養学　51

   ①　運動と食事管理………………………………………………………………51
   ②　エネルギーと栄養のかかわり………………………………………………51
   ③　栄養素と栄養障害……………………………………………………………52
         1　糖質（炭水化物）　53
         2　脂質（脂肪）　53
         3　タンパク質　54
         4　ビタミン　55
         5　ミネラルと貧血・骨代謝　56
         6　食物繊維　58
   ④　ジュニアを中心とするアスリートのための食事……………………………58
         1　アスリートの食事　58
         2　トレーニング期の食事計画　58
         3　調整期，試合当日および試合後の食事　61
         4　体重管理とその注意点　63
         5　水分補給と熱中症対策　64
         6　サプリメント　65

第4章　トレーニング　70

   ①　スポーツトレーニングの全体構造……………………………………………70
   ②　体力トレーニング……………………………………………………………71
         1　体力とは何か　71
         2　体力トレーニングの基本原則　71
         3　体力トレーニングの基礎知識　72
         4　目的別トレーニング方法　73
   ③　技術トレーニング……………………………………………………………76

1　技術上達の過程　76
　　　2　練習における注意点——上手になるポイント　77
　④　戦術トレーニング……………………………………………………78
　⑤　心のトレーニング……………………………………………………79

第5章 ストレッチング　83

　①　ストレッチングの理論…………………………………………………83
　　　1　ストレッチングの原理　83
　　　2　ストレッチングに必要な知識　84
　　　3　ストレッチングの種類　85
　　　4　ストレッチング実施上の注意点　85
　②　部位別ストレッチングの実際…………………………………………86
　　　1　上肢および体幹　86
　　　2　下肢　92

第6章 テーピング　97

　①　テーピングの目的………………………………………………………97
　②　テーピングの効果………………………………………………………98
　③　テーピングを実施する際の注意事項…………………………………99
　　　1　テーピングを巻く前　99
　　　2　テーピングを行う上でのポイント　100
　　　3　テーピングの種類と必要な備品　100
　　　4　テーピングの扱い方　101
　④　足関節内反捻挫のテーピング………………………………………101
　　　1　病歴の把握　102
　　　2　足首の内反を制限するための基本的な巻き方　102

重要語句集……………………………………………………………………106

序章
スポーツ医科学概要

　全国で数多くのマラソン大会が開催され,多くのランナーが 42.195 km を走破している。しかし,時に心肺が停止する事例が発生することがあるため,大会救護体制を整備したり個々のランナーは日頃から**健康管理**を行うことが大切である。一方,競技能力を高めるためには,トレーニング計画に基づいて有酸素能力を高めたり,筋力（筋持久力）,柔軟性等を養成することが求められる。さらに食事（栄養）に対して関心をもち,健康管理を行っていくことが必要になる。また,アスリートとして必要不可欠な知識として**ドーピング防止**のための薬物情報がある。アスリートは自分自身の心や体が発するいろいろな情報に耳を傾けるとともに,安全で効果的な**トレーニングプログラム**を作成して日々研鑽することで期待する結果が得られることになる。しかし,間違った知識は,競技能力を高めることなく,**健康障害**を起こすことがある。多くの研究成果を踏まえて,そして自分自身にとって最も適切な健康管理の方法やトレーニング法を確立して,種々のスポーツ競技において輝かしい成果を獲得するための参考になれば本書の目的は達成されたものと考えられる。

健康管理

ドーピング防止

トレーニングプログラム

健康障害

　スポーツ活動に必要な体の仕組み

1　運動器の機能

　運動が可能となるためには,運動器（筋肉,骨,関節,靱帯等）が効果的な動きをする必要がある。運動には,まずエネルギーが必要で,そのためには,日ごろの栄養管理が重要である。バランスの良い食事で,適切なエネルギー量を摂取することでからだづくりの基本ができあがる。もし,どうしても取れない栄養素があれば,**サプリメント**を摂取することになるが,その際注意しなければならないのはドーピングである。海外のサプリメントには,内容表示が記載されていなくても禁止物質が入

サプリメント

っている可能性があることが報告されている。サプリメント購入に際しては十分注意を払うことが必要である。

種々の栄養素をからだに取り入れる際に，消化管が主たる役割を果たしている。便秘や下痢などの症状が継続している場合には，吸収などに問題が生じ，とくに下痢の場合には**電解質**（ナトリウム，カリウム，クロールなど）が大量に失われ，競技能力が低下することが知られている。また，腸内でガスを発生させるような発酵食物（いも，くり，ブロッコリー，豆類など）を競技直前に摂取すると腹部膨満感やサイドスティッチ（横腹の痛み）などが発生する可能性もあるので注意が必要である。競技能力は，直前の食事によっても影響を受けるものである。

電解質

2　肺・心臓の機能

有酸素運動を行う筋肉の活動にもう一つ欠かせないものが酸素である。有酸素運動といわれているように，マラソンなどの長距離走の場合には酸素の供給が円滑に行われないと筋肉はすぐに疲労してしまう。酸素が筋肉まで到達するには，鼻，口から吸いこんだ空気が肺に到達し，肺と赤血球のあいだで酸素と二酸化炭素のガス交換が行われる。そして酸素を有している赤血球が，心臓の働きで全身に送りこまれる。筋肉に到達した酸素は，筋肉の細胞の中でエネルギー産生に関与することになる。酸素がなければ**無酸素運動**となり，乳酸が蓄積して筋肉運動ができなくなってしまう。このエネルギーを産み出す過程においては**ビタミン**が必要となるので，ここでも日々の食事のバランスが求められることになる。

有酸素運動

無酸素運動
ビタミン

3　脳神経系ならびに心の働き

私たちのからだは，**自律神経系**（交感神経，副交感神経）のバランスによってその機能が制御されており，バランスの乱れによって不都合な症状が出現する。交感神経の高ぶりは興奮・闘争を示し，副交感神経は，休養とエネルギーの吸収を示している。トレーニングを積むと，心機能が強化され1回心拍出量が増加するとともに，自律神経系，とくに副交感神経系が優位となり，安静時の心拍数が低下する。

自律神経系

一方，運動できなくなる原因の典型的なものとしては，脳の血管障害による半身麻痺がある。また，不安や心配が高まってくると過換気症候

群といって，不安感が強くなり，過呼吸を繰り返すため手足がしびれて動けなくなることもある。この原因には心理的なストレスが関与していることが多い。アスリートは試合ごとにいろいろな不安や心配等があるために日頃から先輩や心理カウンセラーに相談して，いろいろな悩みをできるだけ解決しておいたほうがよい。運動を継続するには相応のエネルギーが必要となるが，心のエネルギーもその1つである。運動は自ら動こうとしない限りできない。自発的な意識があって運動が可能となる。悩み事や心配事があるとあらゆることに対する意欲が低下し，身体能力が低下することになる。また，睡眠もとれなくなり，疲労が蓄積するばかりである。心のエネルギーは常に一定量必要であり，そのためには，日ごろから自分自身のエネルギー貯蔵庫にためておかなければならない。そのエネルギーは健康という体調管理であり，また人間関係も良好に保っておくことである。

4 内分泌系の働き

運動するとその情報が脳に伝わり，脳は呼吸・循環器系に指令を送り，呼吸数や心拍数を増やして筋肉に酸素を供給することになる。さらにエネルギーを供給するシステムにおいては，内分泌も大きな役割を果たしており，その際ホルモン分泌がエネルギー供給に関与している。運動強度が上がるにつれてカテコールアミン（アドレナリン，ノルアドレナリン）のホルモンが分泌され，心拍数や血圧が上昇する様に働く。またこれらのホルモンは脂肪を分解する働きももっている。このように運動に際してはホルモンが重要な働きをしている。

2 スポーツ活動の効果と意義

1 スポーツと健康

生活が利便になり，情報化が進むなどの技術革新の影響を受けて，運動不足に陥りやすい生活環境になっている。その結果，運動不足やストレスが現代の人々の健康を脅すことになっている。

スポーツに親しむことは，ストレスを発散させ，体を動かすことで達

成感，爽快感，仲間との連帯感などを生むことにより，心の健康の維持に有効である。さらには，身体の健康維持増進，体力の向上，運動能力の向上，生活習慣病の予防などの効果があり，体の健康にも役立っている。心身両面の健康に，スポーツ活動が与える効果は大きい。

また，長寿社会においては高齢者がスポーツ活動を楽しむことで，生きがいやコミュニケーションの機会を持ち，健康でいきいきとした老後を送ることにもつながり，**健康寿命**の延伸にも寄与するものである。

健康寿命

2　スポーツと社会性

スポーツは，ルールに基づいて行うことから，自己責任，フェアープレイ精神，社会性の育成効果があり，青少年の心身の健全な発育を促している。さらに仲間との交流，指導者との交流，他者との協同を通じて，青少年のコミュニケーション能力を育成し，他人への思いやりなどの豊かな心を育むことに貢献している。

また，一流選手が人間の能力の可能性を追求し，高い技術やスポーツに打ち込む一途な姿を見せることにより，スポーツが人々に感動や夢を与えるものとなる。このような一流選手の活躍が，スポーツ活動への関心を高め，活力のある健全な社会形成に大きく貢献している。

3　スポーツと地域コミュニティ

身近な地域において，誰もが興味，体力，技術レベルに応じてスポーツ活動に参加し，学校・地域・スポーツ団体の連携を促進しながら地域の人と交流を深めていくことは，地域社会の活性化につながる。地域のスポーツ活動を通じた人々の交流は，住民全体がひとつの目標に向かい，ともに達成感や地域への誇りと愛着を生み出すことができる。それが，人間関係の希薄化を解消し，地域社会の再生に大きく貢献している。

4　スポーツと経済

スポーツを振興することは，国際競技大会やプロスポーツなどの魅力的なスポーツにふれられる機会を増やし，スポーツ活動の楽しさを広げるとともに，集客やイメージの向上につながっている。さらには，スポーツに関連する産業，会場，交通機関やメディアなどの経済波及効果と

いう成果も得られる。

また，スポーツ活動は人々の心身にわたる健康の**保持増進**，生活習慣病の予防に効果があり，医療費削減に貢献することも期待される。

保持増進

5 スポーツと国際交流

スポーツを通じた国際交流は，スポーツ活動を普及・発展させることはもちろん，諸外国との相互理解と友好親善の促進に大きな役割を果たしている。

スポーツは世界共通の文化の1つであり，共通のルールで競う選手として，指導者，ボランティアやサポーターとして支えることで，国際的な信頼や世界の人々との相互理解を一層深めることができるなど，国際的な平和と友好にも貢献している。

6 スポーツ活動の現状とこれから

近年，子供たちの体力は低下傾向にあると言われてきたが，文部科学省の報告によれば，平成13年からのスポーツ振興基本計画の振興方策の結果，子供たちの体力の低下傾向に歯止めがかかったという[1]。スポーツ界では，ドーピング防止などの新たな課題に対応するため，平成23年にスポーツ振興法が50年ぶりに全面改正され，新たにスポーツ基本法が制定された。**スポーツ基本法**は，スポーツに関する基本理念を定め，スポーツに関する施策の基本となる事項を規定するものであり，スポーツ活動を通じてすべての人々が幸福で豊かな生活を営むことができる社会の創出を目指している。スポーツ基本法に基づき，スポーツに関する施策の総合的かつ計画的な推進を図るため，スポーツ基本計画が定められている。(表序-1)。

スポーツ基本法

●表序-1● スポーツを通じてすべての人々が幸福で豊かな生活を営むことができる社会

① 青少年が健全に育ち，他者との協同や公正さと規律を重んじる社会
② 健康で活力に満ちた長寿社会
③ 地域の人々の主体的な協働により，深い絆で結ばれた一体感や活力がある地域社会
④ 国民が自国に誇りを持ち，経済的に発展し，活力ある社会
⑤ 平和と友好に貢献し，国際的に信頼され，尊敬される国

出典：文部科学省「スポーツ基本計画」[1]

スポーツの効果を最大限に生かし，スポーツ障害やオーバートレーニング（第2章参照）などを最小限に抑えるために，ジュニアスポーツの選手のみならず指導者にも，正しい知識を身につけることが求められる。

3 ドーピング防止

ドーピングとは，世界アンチ・ドーピング規定に定められているドーピングの防止の規則に違反することをいう。具体的には，ドーピング検査で，禁止物質が発見された場合，**ドーピング禁止物質**や**禁止方法**を使用した場合または企てた場合，ドーピング検査を拒否した場合，ドーピング禁止行為を一緒に行った場合などがある。ドーピングは，禁止物質などを使用することで競技能力をトレーニング以外で高めることで，**フェアプレー**に反するとともに，選手自身の健康問題を起こしうる可能性が高い。過去に禁止物質を使用したことで多くの健康障害が発生したことが報告されている。

しかし，一般的には使用可能な薬品が多く，痛み止め，抗生物質などは使用可能である。使用禁止物質であっても，治療上やむを得ない場合には，主治医から書類を提出してもらい，審査機関が承諾すれば使用可能となる。詳しくは，日本アンチ・ドーピング機構のホームページを参考にしていただきたい。また，使用薬物の可否についての判断は，現在都道府県薬剤師会にホットラインが設置されているので，活用することが望まれる。日本においては**「うっかりドーピング」**が多く，その結果，競技記録が抹消されるとともに，その後一定期間の出場停止というペナルティが科せられることになる。積み上げてきたトレーニング成果が一瞬のうちに崩れ落ちてしまうこともあるので，自分が服用する薬物については専門家に相談して安心して服用できるようにしておかなければならない。

【参考文献】
1）文部科学省「スポーツ基本計画」2012年（http://www.mext.go.jp/component/a_menu/sports/detail/__icsFiles/afieldfile/2012/04/02/1319359_3_1.pdf）

第1章
スポーツ生理学

① 運動と筋肉

人の運動は筋肉によってもたらされ，筋肉が収縮する事によっていろいろな器官を動かす働きがある。とくに骨格筋は骨に付着し，収縮と弛緩をくりかえすことにより運動が行われる。

1 筋肉の種類

筋肉を大きく分けると**横紋筋**と**平滑筋**に分かれる。しま模様がみられる横紋筋には，**骨格筋**と**心筋**がある。手足の骨格筋は自分の意思で動かすことができるため**随意筋**とも呼ばれている。一方，平滑筋でできている内臓や気管の筋肉は自分の意思で動かすことができないため**不随意筋**と呼ばれている。心筋は横紋筋であるが，不随意筋になる（図1-1）。

横紋筋
平滑筋
骨格筋
心筋
随意筋
不随意筋

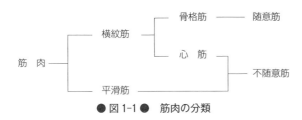

● 図1-1 ● 筋肉の分類

2 骨格筋の構造

骨格筋は筋膜という薄い膜によって束ねられている。この束を**筋束**という。筋束の中は多くの**筋線維**を**筋外膜**が束ねている。筋線維の中には，数多くの**筋原線維**とよばれる数ミクロンの非常に細かい線維がある。

筋束

筋線維
筋外膜
筋原線維

この筋原線維が筋収縮を引き起こし，力を発揮する。筋原線維はタンパク質からなる細い**アクチンフィラメント**と太い**ミオシンフィラメント**からなる。2種類のフィラメントは規則正しく並んでいる（図1-2）。

アクチンフィラメント
ミオシンフィラメント

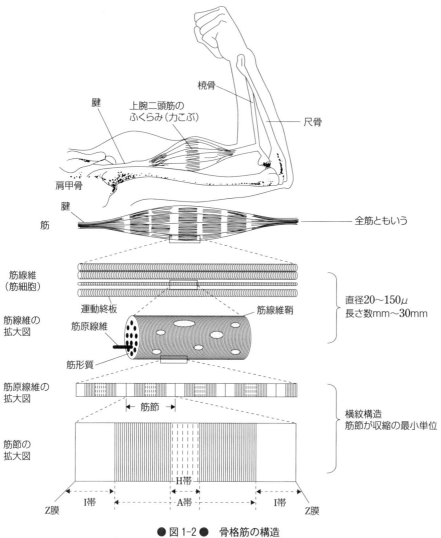

● 図 1-2 ●　骨格筋の構造
出典：Huxley, H. E., 1958[1]）より引用

3　筋線維の性質とその働き

　運動するときに大きな力を発揮する**白筋**と，心筋のように持続的に収縮する**赤筋**とがある。白筋は収縮スピードが速く収縮力が強いことから**速筋線維**ともよばれており，主に瞬発的な運動や大きなパワーを要するときに使われる。一方，赤筋は収縮を持続する持久性は高いが，収縮スピードが遅く**遅筋線維**ともよばれ，持続的な運動時に主として使われる（表1-1）。

白筋
赤筋
速筋線維

遅筋線維

● 表1-1 ● 筋線維の性質

筋の色彩	赤 筋	中間筋	白 筋
筋線維	SO	FOG	FG
	遅筋線維		速筋線維
筋のtype	typeⅠ	typeⅡa	typeⅡb
筋線維の太さ	細 い	中 間	太 い
収縮速度	遅 い	速 い	速 い
最大筋力	小さい	中 間	大きい
疲労耐性	高 い	中 間	低 い

4 筋肉の収縮様式

筋肉の収縮には，**静的収縮**と**動的収縮**に大別され，さらに3つに分けることができる。

静的収縮
動的収縮

① 等尺性収縮（アイソメトリック・コントラクション）

関節運動を伴わず，筋の長さを変えずに張力を発揮する収縮様式。

例）動かない壁を押す。手のひらに物を乗せて保持する。姿勢をキープする（体幹トレーニング）など。

等尺性収縮

② 等張性収縮（アイソトニック・コントラクション）

関節運動を伴い，筋の長さを変えながら張力を発揮する収縮様式。

この収縮様式には，短縮性（コンセントリック）収縮と伸張性（エキセントリック）収縮がある。

等張性収縮

- **短縮性収縮**：主働筋が短縮しながら張力を発揮する。

    例）ダンベルを持ち上げる。スクワットで立ち上がるなど。

短縮性収縮

- **伸張性収縮**：主働筋が伸張しながら張力を発揮する。

    例）ダンベルをゆっくり下ろす。スクワットでゆっくり座る。スロートレーニングなど。

伸張性収縮

③ 等速性収縮（アイソキネティック・コントラクション）

筋の収縮速度が一定の状態で張力を発揮する収縮様式（特殊な機器を要する）。

等速性収縮

5 エネルギー供給機構

1 運動時のエネルギー産生メカニズム

筋収縮の直接的なエネルギー源は**アデノシン三リン酸（ATP）**の分解

アデノシン三リン酸
（ATP）

によって生じる．筋肉における ATP 量は最大運動を行った場合，数秒で枯渇してしまうため，生体内には，ATP を再合成するための3つのエネルギー供給機構がある．

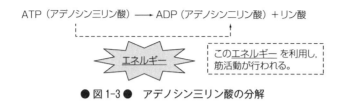

●図1-3● アデノシン三リン酸の分解

2 3つのエネルギー供給機構

① ATP-PCr系

運動により消耗した ATP を最も速く再合成させるためのエネルギーは，クレアチンリン酸（PCr）が分解される時に生じるエネルギーで，運動が開始されると最初に利用される．

PCr が最大に動員され運動が行われると数秒で体内の PCr が枯渇してしまうため，短時間の瞬発的運動時の重要なエネルギー産生機構として機能する．さらに，酸素が十分に供給されていない環境下でもエネルギーを供給できることから，**無酸素性機構**とよばれている．

無酸素性機構

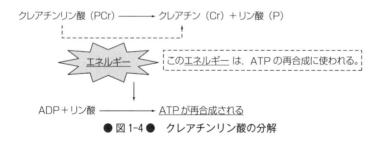

●図1-4● クレアチンリン酸の分解

② 解糖系（乳酸系）

ブドウ糖やグリコーゲンが分解される時に放出されるエネルギーを用いて ATP を再合成する．糖質は**ピルビン酸**に変換され，解糖系が進むとき，酸素が十分に供給されない場合は，一時的に**乳酸**が産生される．1分以内の高強度運動時の主要なエネルギー産生機構である．乳酸が生成されることから**乳酸性機構**ともよばれている．蓄積された乳酸は，後に酸素が十分供給されれば，有酸素系でのエネルギー源として利用される．

ピルビン酸

乳酸

乳酸性機構

● 図1-5 ● グルコース・グリコーゲンの分解

③ 有酸素系

酸素の供給が十分な環境下では，**トリカルボン酸（TCA）回路**および電子伝達系を利用して，水と二酸化炭素まで代謝し，その過程で発生するエネルギーを利用し，ATPを再合成する。エネルギー産生の速度は遅く，酸素の供給が十分に間に合うような軽い運動強度の持続的運動時の主要なエネルギー産生機構である。

有酸素系

トリカルボン酸（TCA）回路

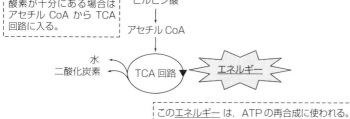

● 図1-6 ● トリカルボン酸回路

② 運動と循環

循環器はその働きから，血液を全身にくまなく循環させるための血管，血管を流れる血液，血液の循環においてポンプの役割を担っている心臓の3つに分けることができる。

1　心臓の構造と機能

心臓は，血液を循環させるポンプの役割を担い，心筋という特殊な筋からできており，**右心房・右心室・左心房・左心室**の4つの部屋から構成されている。また，血液の逆流を防ぐために4つの弁が構成されてい

右心房
右心室
左心房
左心室

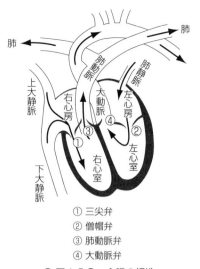

● 図1-7 ● 心臓の構造
出典：前田如矢，2003年[2] p.68 より引用

① 三尖弁
② 僧帽弁
③ 肺動脈弁
④ 大動脈弁

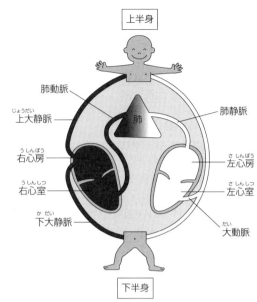

● 図1-8 ● 血液循環の模式図
白は動脈血，黒は静脈血
出典：渡辺正仁監修[3]，2013年，p.64 より引用

る。右心房と右心室の間に**三尖弁**，左心房と左心室の間は**僧帽弁**（二尖弁），右心室と肺動脈の間には**肺動脈弁**，左心室と大動脈の間には**大動脈弁**がある。

三尖弁
僧帽弁
肺動脈弁
大動脈弁

　心臓から送り出される血液循環のルートは2つある。1つは，左心室の収縮により大動脈から送り出された血液は，心臓，脳，肝臓，腎臓，筋肉，皮膚などの組織に運ばれ，酸素や栄養素の受け渡しを行った後に大静脈に集まり右心房に戻るルートで，**体循環**という。2つ目は，右心室から肺動脈により肺に送られ，肺でガス交換を行った後，肺静脈を経て左心房に戻るルートで，**肺循環**という。

体循環

肺循環

> **体循環**：左心室→大動脈→臓器（組織）→大静脈→右心房

> **肺循環**：右心室→肺動脈→肺→肺静脈→左心房

2　心臓の拍動

　心臓や消化管などの内臓の筋肉は，自分の意志で動かすことができない不随意筋である。そのため，自律神経の刺激により，筋活動がコントロールされている。

洞房結節：電気信号のスタート（ペースメーカーとしての働き）。

房室結節：電気信号を受け取り，心筋に伝える。

心筋：電気刺激により，心筋が収縮・弛緩する。

　洞房結節による電気信号は，ほぼ一定のリズムである（70回/分）。しかし，運動中など心臓の動きが速くなったり，睡眠中に遅くなったりするのは，**自律神経**が大きく関与している。

洞房結節

房室結節

自律神経

> **コラム**　　スポーツ心臓
>
> 　スポーツ選手によくみられる安静時の徐脈（脈拍数が少ない）や，レントゲン撮影によって拡大が認められる心臓を**スポーツ心臓**と呼び，病的（心不全，弁膜症など）な心肥大とは区別される。
> 　スポーツ心臓の機能的特徴としては，
> ①　1回心拍出量の増加
> 　心臓容積の増加に伴う血液量の増加，拡張期における心筋の伸張力，収縮期における収縮力の増加が関係している。
> ②　左心室の変化
> 　持久的運動選手（例：マラソンランナー）では左心室壁の厚さは一般の人と変わらないが，左心室の容積は増加する。また，瞬発的に筋力を発揮するような運動選手（例：短距離選手）では，左心室壁が厚くなることが知られている。

スポーツ心臓

3　血液の成分とその働き

　血液とは，身体の中のさまざまな物質を，決められた場所（部位）まで運搬する貨物列車である。血液は，固形の血球成分と液体の血漿から構成され，血球成分は，**赤血球・白血球・血小板**より構成されている。

赤血球
白血球
血小板

①　血漿の働き
- 血液の液体成分を血漿という。
- 90％が水で構成され，それ以外は，タンパク質，糖質，脂質から構成されている。
- 主な役割として，栄養素など物質の運搬，老廃物を回収し腎臓に渡す，血管内外の水分量の調節として働く。

第1章　スポーツ生理学　13

② 赤血球の働き

- 赤色をした円盤状の細胞（中央がくぼんだ円盤状の形）。
- 赤血球の中には，**ヘモグロビン**が詰まっている（95％）。　　　　ヘモグロビン
- ヘモグロビンは，鉄を含むヘムという色素とグロビンというタンパク質の化合物である。ヘム鉄が，赤色素のため赤色をしている。
- 赤血球の働きは，酸素と炭酸ガスの運搬である。

③ 白血球の働き

- 体内に侵入してきた外敵を退治する免疫（めんえき）機能として働く。
- 自然免疫系と獲得免疫系に分類される。

④ 血小板の働き

- 傷口を一番にふさいでくれる細胞（止血（しけつ）作用）。
- 血液凝固（ぎょうこ）を促進させる因子を放出する。

運動と呼吸

人は生命を維持するために，常に大気中から酸素を取り入れ，細胞の代謝に必要な酸素を供給し，代謝の結果生じた炭酸ガスを体外に排出しなければならない。肺では，体に酸素を取り込み，炭酸ガスを体外に排出する**ガス交換**が行われる。　　　　　　　　　　　　　　　　　ガス交換

1 呼吸器系の構造と機能

気道（こうくう）：口腔・鼻腔（びくう）・咽頭（いんとう）・喉頭（こうとう）・気管・気管支から構成されている。　　気道
肺（はい）：肺胞とよばれる薄い膜の小さな袋が無数に集まってできている。　　肺
胸郭（きょうかく）：肋骨（ろっこつ）・外肋間筋（がいろっかんきん）・内肋間筋（ないろっかんきん）・横隔膜（おうかくまく）などからできている。　　胸郭

酸素と二酸化炭素の受け渡しは，**肺胞**という場所で瞬時に行われる。　　肺胞
肺の病気に罹（かか）ると，肺胞の機能が低下し，酸素と二酸化炭素の受け渡しが鈍くなる。

2 呼吸のメカニズム

呼吸により，体内に酸素を取り入れ，体外に二酸化炭素を排出する。酸素を体内に取り込み，筋肉の細胞の中のミトコンドリア内で酸素を用いて，エネルギーが産生される。呼吸は，肺でおこなう外呼吸と，末梢

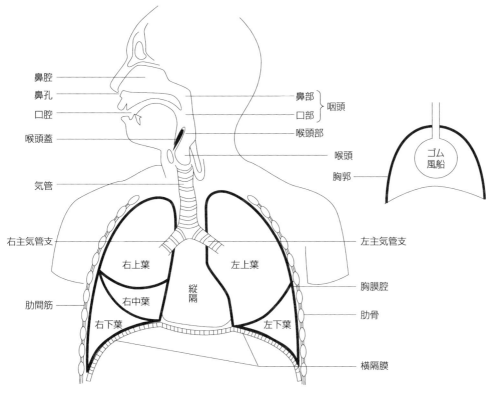

● 図 1-9 ● 呼吸器の構造

出典：朝山正己，1995年[4]，p.42 より引用

の組織でおこなう内呼吸とがある。

- **外呼吸**（肺呼吸）：肺胞と血液との間で行われるガス交換。
- **内呼吸**（組織呼吸）：血液と組織の間で行われるガス交換。

呼吸運動とは，吸気と呼気を繰り返す運動である。吸気運動には**外肋間筋**と**横隔膜筋**が収縮して胸郭が広がるため，肺に吸気が入ってくる。また呼気は**内肋間筋**の収縮と横隔膜が弛緩することにより，また肺は自らの弾力によって呼気になる。しかし，運動時では**腹筋**が呼気として働いてくる。

3 肺活量

肺活量とは，息を最大限吸い込んだあとに肺から吐き出せる空気量のことで，肺の換気能力の指標となる。日本人では，平均肺活量は成人男子で 3000～4000 ml，女子で 2000～3000 ml である。肺活量は運動を行って身体を鍛えると増加するため，運動選手は一般に

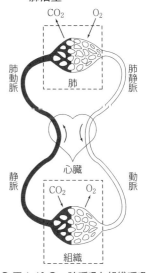

● 図 1-10 ● 肺呼吸と組織呼吸
出典：前田，前掲[2] p.44 より引用

第1章　スポーツ生理学　15

大きいと言われている。

4 酸素摂取量

身体は組織で消費されるのに必要なだけの酸素を取り込む。1分間に身体が取り込む酸素の量を**酸素摂取量**という。運動を行うと体内のエネルギー必要量が増加し，それに伴い酸素の需要量が増加する。運動中に体内に摂取される酸素量の最大値を**最大酸素摂取量**と言い，**全身持久力**（有酸素的な運動能力）を表す重要な指標となる。

酸素摂取量

最大酸素摂取量
全身持久力

4 運動と神経

神経系は動物特有のものであり動物の知覚・運動，さらに精神作用の働きを行う系統である。人体各部の組織や器官の調節，とくにすばやい調節は神経系の役割である。

● 図1-11 ● 神経系の分類
出典：真島英信，1981年[5]．より引用

1 神経系の構造

中枢神経系は，脳と脊髄，**末梢神経系**は脳から出る脳神経，脊髄から出る脊髄神経から成り立っている。末梢神経系は身体運動や感覚等の動物性機能に関与する**体性神経系**と，呼吸・循環などの植物性機能に関与する**自律神経系**に区分できる（図1-11）。

中枢神経系
末梢神経系
体性神経系
自律神経系

2 ニューロン

神経を構成する形態上，機能上の単位を**ニューロン**という。人の脳や脊髄には百数十億個のニューロンがあり，その神経線維は他のニューロンや筋と接合し，身体活動や精神活動の基礎を構成している（図1-12）。

ニューロン

3 運動単位

運動神経の興奮により伝わる刺激は運動神経の末端にある運動終板へ伝わるが，1本の運動神経はその終板部分で何本にも枝分かれし，複数の筋線維を支配している。この1本の運動神経とそれに支配されている数本の筋線維のことを**運動単位**とよぶ（図1-13）。

運動単位

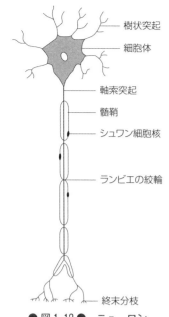

● 図1-12 ● ニューロン
出典：前田，前掲2），p.42 より引用

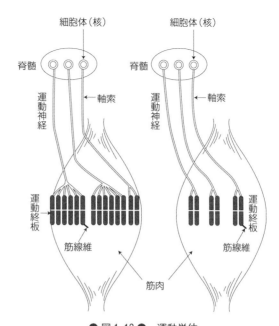

● 図1-13 ● 運動単位
出典：宮下充正，1988年6），より引用

4　身体運動（随意運動）の仕組み

①外界からの刺激を視覚や皮膚にある知覚受容器で受ける。②受容器から**感覚神経（求心路）**により中枢神経系へ興奮が伝達。③中枢神経系では，大脳皮質で情報を把握，判断，理解し，運動内容についての意思決定を行う。④決定された運動に関する指令が錐体路を通り中枢神経系より**運動神経（遠心路）**により筋肉に伝達。⑤効果器（筋肉）は指令を受けて収縮（図1-14）。

感覚神経（求心路）

運動神経（遠心路）

● 図1-14 ● 随意運動の仕組み
出典：前田，前掲2）p.37 より引用

運動と骨

生体には，約200個の骨が存在し，さまざまな役割を担っている。一

生涯にわたり，骨を丈夫に健康に保つことは重要である。

1　骨の役割

骨は以下の4つの役割を持っている。
① 脳，心臓，肺など体の重要な臓器を守る（**保護作用**）。　　　保護作用
② 体を支える（**支持作用**）。　　　支持作用
③ カルシウムを蓄える（**貯蔵作用**）。　　　貯蔵作用
④ 骨髄で血球をつくる（**造血作用**）。　　　造血作用

2　骨の成長（骨代謝）

骨は髪の毛や皮膚と同じように新陳代謝（リモデリング）を繰り返している。骨組織中には，古くもろくなった骨の一部を破壊（骨吸収）する**破骨細胞**と，破壊されたところに新しい骨を形成（骨形成）する**骨芽細胞**が存在し，通常，骨吸収と骨形成のバランスが保たれている。しかし，骨吸収と骨形成のバランスが崩れると骨量が減少し，骨折をきたしやすい状態（**骨粗鬆症**）を招く。

リモデリング

破骨細胞
骨芽細胞

骨粗鬆症

3　骨粗鬆症

18歳位をピークとし，その後，骨量が減少する。とくに女性は思春期に過度のダイエット・偏食を繰り返し行うことにより，最大骨量が低下する。さらに閉経後には，骨形成に必要な女性ホルモン（エストロゲン）の分泌が減少するため，骨吸収と骨形成のバランスが乱れ，骨量が減少する。

4　骨量を高める食事と運動

① カルシウムの多い食事を摂る

カルシウムは吸収率が悪いため，吸収を高めるビタミンDやタンパク質とあわせて摂取すると良い。

② カルシウムの吸収を阻害する食品を控える

スナック菓子やインスタント食品，炭酸飲料などに多く含まれるリンは，カルシウムの吸収を阻害してしまう。さらにカフェインの過剰摂取にも気を付ける。

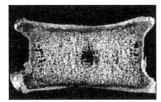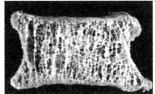

● 図1-15 ● 正常な骨（左）と骨粗鬆症の骨（右）
写真提供：浜松医科大学名誉教授井上哲郎氏

③ 適度に運動を行う

ウォーキングやジョギングなど，骨に適度な負荷をかけることで，骨代謝が高まる。しかし，長時間運動や高強度運動などの運動ストレスは，逆に骨量を減少させる。

④ 日光に当たる

日光に当たることにより，体内で活性化ビタミンDが合成され，カルシウムの吸収を高める。

【引用文献】
1) Huxley, H. E., The contraction of muscle, *Scientific American* 199, 1958.
2) 前田如矢『運動生理学〔第3版〕』金芳堂，2003年
3) 渡辺正仁監修『PT・OT・STのための解剖学』廣川書店，2013年
4) 朝山正己ほか編『イラスト運動生理学』東京教学社，1995年
5) 真島英信『生理学』文光堂，1981年
6) 宮下充正『トレーニングを科学する』日本放送出版協会，1988年

【参考文献】
三村寛一編『スポーツ生理学』嵯峨野書院，2002年
三村寛一編『健康・スポーツの科学』嵯峨野書院，2006年
久木野憲司・穐吉敏男編『解剖生理学』金原出版，2002年
森　亨監修『図解 からだのしくみ・はたらきがわかる事典』西東社，1996年
椙江　勇ほか『解剖生理学』南江堂，1994年
井上哲郎『これだけは知っておきたい骨粗鬆症』日本放送出版協会，1997年

練習問題

(1) 等尺性収縮と等張性収縮の違いについて説明しなさい。
(2) スポーツ心臓について説明しなさい。
(3) 外呼吸と内呼吸について説明しなさい。
(4) ニューロンについて説明しなさい。
(5) 骨粗鬆症について説明しなさい。

第2章 スポーツ医学

Ⅰ 内科編

　アスリートを目指す人たちは，スポーツ中に障害が起こらないように注意しながらスポーツに取り組み，また障害が起こったときはすぐに中止して早く治療する。本編ではスポーツ中に起こる急性と慢性の内科的スポーツ障害について，解説する。

1　急性の障害

1　スポーツ中の心臓停止

1　突然死とは

　運動中あるいは運動直後に急に異状があらわれて，24時間以内に死に至ることを"**スポーツによる突然死**"といい，スポーツ活動の中で最もさけなければならない。毎年少なくとも約100例以上が発生しており，年代別では10歳台が全体の3分の2と多い。　　　　　　　　　　　スポーツによる突然死

　突然死の起こりやすいスポーツの第一位はランニングで，いずれの年齢層でも生じる。つぎに，中・高齢者ではゴルフやゲートボールで発生している。これはスポーツ中の身体的な要因に加え，精神的な要因が関与している。また，競技大会中だけでなく，練習中でも発生し，運動不

● 表 2-1 ●　年代別に分けたスポーツ中の突然死

	～39歳		40～64歳		65歳～	
1.	ランニング	113例	ゴルフ	56例	ゲートボール	35例
2.	水　泳	56例	ランニング	38例	ゴルフ	20例
3.	サッカー	23例	水　泳	15例	ランニング	10例
4.	野　球	21例	登　山	14例	登　山	8例
5.	体　操	16例	スキー	13例	水泳・ダンス	6例
6.	その他	97例	その他	65例	その他	12例

出典：徳富省悟ほか『運動と突然死 その予防と対策』文光堂，1990年より引用

足の人だけでなくアスリートでも発生する（表2-1）。

2 誘因

突然死の誘因の80％位は分かっていないが，誘因として以下のことが挙げられている。
① 高温多湿などの環境因子
② 睡眠不足や試験勉強などの過労時
③ 長期休暇後
④ 食事を抜いたり，気分不調の時
⑤ 罰則の運動時

3 メカニズム

突然死のメカニズムとして，以下のことが挙げられている（図2-1）。
① 運動を急にやめると足の**筋肉ポンプ**の働きがなくなるため，心臓に血液が戻ってこなくなり，心臓から出ていく血液量が低下する。そのため血圧が低下し，脳に流れる血液が少なくなり，ふらつき感があらわれ，眼の前がくらくなり失神する。

筋肉ポンプ

② 運動中に努力呼吸（バルサルバ呼吸）を行うと，胸腔内圧が上昇するため，心臓に血液が戻ってこなくなり，上記の症状がでる。
③ 運動を急にやめると，交感神経の活動が急に治まり，副交感神経系が優位になるため，急に血圧が下がり，脈が少なくなり，倒れることがある。
④ また顔を水につけると副交感神経の反射により，徐脈や不整脈が起こる（Diving Reflex）。したがって，水泳するときは水に入ってすぐに泳ぐのではなく，水の中で2〜3分はウォーミング・アップしてから泳ぐようにする。

Diving Reflex

4 予防

突然死の予防としては，健康診断（メディカル・チェック）を年に少なくとも1〜2回受け，心臓などの潜在性疾患や体調をチェックしておく。とくに運動を始めるときはウォーミング・アップを十分に行い，運動を終える時はクールダウンをいれて徐々に運動をやめるようにする。また

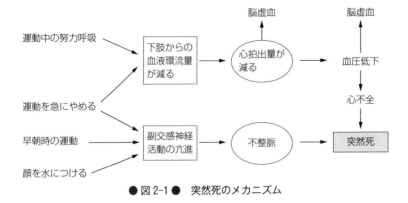

●図 2-1● 突然死のメカニズム

日頃から体調を整えてスポーツを行うようにする。

さらに，運動中に次にあげる症状が発生したときは自ら運動を中断する勇気をもつことも大切である。

① 胸痛，胸の圧迫感や不快感，胸の痛み。
② 脈拍が異常にはやい，または異常に遅い。脈が乱れる。
③ 息苦しさがいつもより強い。
④ 目の前が暗くなる，めまい，ボーっとする。
⑤ 顔色が蒼白になる。口唇の色が紫（チアノーゼ）になる。
⑥ 吐き気，嘔吐。
⑦ 冷や汗，鳥肌がたつ。
⑧ 顔や足がむくむ。

またスポーツの途中で意識がなくなったり，心停止や呼吸停止が起ったりしたときは，現場にいる仲間たちが直ちに心臓マッサージを開始しながら，医療機関に連絡する義務がある。

> **コラム** 心臓震とうと自動体外式除細動器（AED）
>
> 野球のボールを胸で受けた時や，前で蹴られたサッカーボールで胸を強打した時に，致死的な不整脈が発生することがある。これを**心臓震とう**といい，日常のスポーツ中に誰にでも起こりうる。
>
> このように急に心臓が停止したときは，一緒にスポーツをしていた仲間が救急車をよぶと同時に，自動体外式除細動器（AED）を用いた救急処置を行わなければならない（普段から AED の設置場所と使用方法は習得しておくことが大切である）。

心臓震とう

2　熱中症

　直射日光や高温・多湿の環境下で水分をとらずにスポーツを行ったとき，多量の発汗により意識がもうろうとなり，体温調節ができなくなった状態を熱中症という。その症状には以下の4タイプがある。

1　熱失神

　運動中に発汗による脱水と，末梢血管が拡張することにより，脳への血流が減少するため，失神する（熱中症の国際分類の重症度はⅠ度）。
　熱失神の症状として
① 突然の意識消失。
② 体温は正常で，発汗がみられ，脈は遅い。

2　熱痙攣

　運動時の汗の中にはナトリウムが含まれている。大量の汗とともに血中のナトリウムが減ると，筋肉は痛みを伴った痙攣を起こしやすくなる。痙攣は運動筋である下肢筋だけではなく，腹筋・背筋や内臓の筋肉にもおこる。内臓筋の痙攣がおこると，胃の痛み，嘔吐，下痢などの症状がでる。
　とくに，運動時の口渇を防ぐために真水を大量に飲むと，血液のナトリウム濃度はさらに低下し，痙攣が強くなることがある（重症度はⅠ度）。

3　熱疲労

　運動中に大量の汗をかいて，脱水になる。さらに脱水によって循環している血液量が減ると，心臓に戻ってくる血液が少なくなり，血圧が下がりショック状態になる（重症度はⅡ度）。
　熱疲労の症状として
① 大量の発汗に伴って全身倦怠，脱力感，めまい，頭痛があり，倒れる。
② 皮膚は大量の発汗のため，冷たく湿りけがある。
③ 体温は上昇しない（皮膚は冷たい）。
④ 脈拍は早く，弱くて触れにくく，ショック状態になることがある。

4 熱射病

大量の汗により，皮膚に流れる血流が減ってくると，皮膚から熱が放散されなくなり，体温が上昇する。さらに汗腺が疲労すると，汗がでなくなる。このような状態になると，体温が40℃以上に上昇し，意識がなくなる。放置すると循環不全や呼吸不全，腎不全になり死亡する（重症度はⅢ度）。

熱射病の症状として，
① 皮膚は赤く乾燥し，熱い。
② 体温は40℃以上になる。
③ 初めは頭痛，めまい，倦怠感がでて，呼吸促進，頻脈，血圧の上昇が認められる。
④ さらに体温が上昇すると，血圧が低下し，意識がなくなる。

5 予防

熱中症はおこらないように予防することが重要である（図2-2）。
① 暑いところで競技を行うときは，数日かけて暑さに慣れるようにする。
② 競技の前に十分水分を補給しておく。30分前に300〜500 ml の水分を補給する。
③ 暑熱環境下での運動中は，約15分毎に100〜200 ml の水分を補給しながら運動を続ける。1時間を超えるときは電解質を含んだ飲料水（0.2%の食塩と3〜6%の糖）かスポーツドリンクを飲む。
④ 汗を吸収し，蒸発しやすい衣服を着るようにする。
⑤ 発熱，下痢，睡眠不足のときは熱中症を起こしやすいので注意する。肥満の人は熱がこもりやすいので特に注意する。
⑥ 体重測定を行う習慣をつける。運動後の体重減少は，2%以内に留めるように水分補給を行う。

6 一般的な応急処置

熱中症の発生時は以下の応急処置を行いながら，救急車を呼び，専門施設に搬送する手続きをとる。
① 通気性のよい涼しい場所に寝かせ，着衣をゆるめて休ませる。

● 図2-2 ● 熱中症を予防するための給水のポイント

② <u>下肢を台にのせ，心臓より高くする体位</u>をとらせ，心臓に戻る血液量を保つ。

③ 意識障害がないときは，食塩水（Na濃度0.2〜0.5％）を飲ませる。意識がもうろうとしている時，むりに飲料水を飲ませると，誤飲するので注意する。

④ 熱中症で体温が異常に上昇しているときは，衣服をとり，水を霧状にして体にふきつけ，送風することにより気化熱を利用して冷却する。しかし，冷たい水をかけると皮膚血管が収縮することがあるので注意する。また氷パックを頸動脈，腋窩部やそけい部にあてて体温を下げる。

⑤ 意識がないときは重症である。心停止のときは心臓マッサージを行いながら救急車を待つ。

3　運動に伴う気管支喘息

気管支喘息とは，日本の成人では3〜6％にみられる病気で，ゼーゼーという息切れの発作が急に現われる。早朝や運動した時に発作がでることがあるため，日常生活が障害されてくる。

この原因には，ハウスダスト，ダニ，カビ類，ブタクサなどの吸入抗原，冷気，たばこや排気ガスなどの刺激物質，ストレスの他に運動がある。

とくに，運動中や運動のあと5〜30分にかけて気道が収縮するため，ゼーゼーという息切れの発作が出現する病気を**運動誘発性喘息（Exer-**

気管支喘息

運動誘発性喘息（EIA）

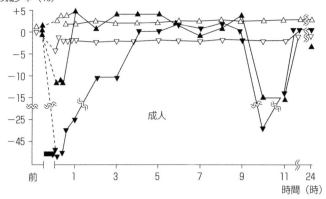

● 図 2-3 ● 運動誘発性喘息のタイプ

正常人では運動しても気道は狭くならないが，気管支喘息の人では，運動後5〜20分に発作がでる即時型と運動後12時間後にでる遅発型がある（▼：気管支喘息　△：正常人を示す）。

出典：Lee, T. K., *N Eng J Med.* 308, 1983. より引用

cise-induced Asthma：EIA）という。成人では，運動後5〜30分後に起こる「即時型」が大部分であるが，小児では運動後6〜12時間後にも発作が現れることがある（図2-3）。

　気管支喘息のある人でも，スポーツを禁止する必要はない。発作が起こらないような運動を行ったり，運動方法を指導することが必要になる。発作が起こらない運動の仕方を挙げる。

① 喘息発作を起こしやすい運動として，ランニングやサイクリングがあり，起こしにくい運動は水泳である。

② 強い運動を急に行うと，喘息発作を起こしやすい。したがって，ウォーミング・アップを十分してから徐々に強い運動を行う。軽い運動では発作を起こしにくい。

③ 運動時間に関しては，6〜8分以上の持続する運動時に発作がでやすい。したがって，強い運動をするときには休みを挟んだインターバル法を行うのがよい。

④ 乾いた空気を吸っての運動時では発作が起こりやすい。したがって，冬の寒い日では，鼻呼吸をおこなって運動するか，マスクをつけるとよい。

　気管支喘息の症状がない時では，あらゆるスポーツが可能である。発作があっても気管支拡張剤などの吸入により症状をコントロールして上手に運動すると，日常活動での改善があるだけではなく，ストレスや不

安も解消され，"Quality of Life"の改善につながる。

> **コラム**　　　　アスリート喘息
>
> 　国体やオリンピックレベルの運動選手において，日常生活では喘息発作は起こらないが，激しい運動中や運動後に息切れや発作が現れることを**アスリート喘息**という。
>
> 　第一の原因として，運動強度が関与している。すなわち，激しい運動時では過換気により，気道粘膜が乾燥して炎症を起こす。この炎症を修復するときの白血球が関係して，喘息の発作がでる。
>
> 　第二の原因として，環境因子が関与している。夏季マラソンではオゾンやNO（一酸化窒素）ガス吸入，水泳では塩素ガス吸入，冬季のスキーやクロス・カントリーでは零下の乾燥した冷気を大量に吸入することにより気道が細くなる。またアイス・スケートではリンクを平坦化する器具から出る臭気ガスやPM2.5を吸うことにより喘息発作がでやすくなる。このアスリート喘息は気管支拡張剤（β-刺激剤）の吸入により予防されるが，この薬はドーピングにあたるため，医師に相談してから使用する。

アスリート喘息

4　食事依存性の運動誘発性アナフィラキシー

　原因になる食物を食べた後，運動中および運動後にかゆみのあるジンマ疹が出現し，めまい，発汗，呼吸困難に伴って血圧が低下し，意識低下を引き起こす疾患を**運動誘発性アナフィラキシー**（Exercise-induced Anaphylaxis）という。

運動誘発性アナフィラキシー

1　誘因

　誘因になる食物として，小麦，エビ，カニ，イカ，あわび，セロリー，桃，ぶどうなどがある。またアスピリン，抗生物質や抗炎症剤などの薬物も誘因になりうる。これらの食品を食べた後，歩行，ジョギング，テニス，バスケットボール，自転車，ゴルフなどの運動を行うと，運動中または運動の5〜30分後からアナフィラキシーの症状が現れる。食事だけ，または運動だけではこれらの症状は起こらないため，食物アレルギーや運動誘発性喘息とは異なる。

2 予防と治療

予防として誘因になる食品を摂取した後は，少なくとも4時間は運動を避ける。または運動前には誘因になる食品を食べないようにする。抗ヒスタミン剤や抗アレルギー剤の予防投与は有効である。したがって，食事を行った後に運動をするときには，あらかじめ予防薬を飲んでおく。

運動誘発性アナフィラキシーが出現したときは，すみやかに救急病院で，血圧を上げる薬や，ステロイド剤が必要になる。運動誘発性アナフィラキシーがあることが分かっている人では，予備にステロイド剤を常備しておき，症状がでたときにはまず薬を服用してから，病院に行く。

5 高山病

高山病

2500m以上の高所では，平地とは異なり低酸素，低圧，低温の3つの環境条件となる。

このような環境下でスポーツすると，以下のことが体に影響する。

① **低酸素**では，血液の酸素濃度も低下するため，運動時に息切れや動悸がして運動能力が低下する。また全身の臓器も低酸素になる。脳の酸素が下がると判断力が低下する。

低酸素

② **低圧**の環境では，肺や脳に水分が溜まるようになり，肺水腫や脳浮腫が生じる。

低圧

③ **低温**の環境では，寒冷刺激により筋肉のふるえが生じる。運動時では熱放散が多く，体温上昇が抑制されてくる。

低温

2500m以上の高地に一気に登った時にあらわれる症状を挙げておく（急性高山病）。

① 頭痛に加え，食欲不振，吐き気，嘔吐などの消化器症状がでる。
② 倦怠感または虚脱感，めまい，睡眠障害が生じる。
③ 低酸素により脳血流が増加するため，脳圧が上がり，頭痛と意識障害が出る。
④ 肺水腫になると，安静時でも息切れがあり，空咳がでる。胸部圧迫感がでたり，運動能力が低下する。

高山病の予防として，以下のことに注意する。

① 高山病になったことがある人は，3000 m 以上の高山は避ける。
② 時間をかけて登る。高所順応（3000 m 以上では，1 日 300〜500 m 以内にとどめる）。
③ 適切な栄養補給（糖質を中心に脂質，たんぱく質，ビタミン補給）する。
④ 水分補給（高所では過呼吸，発汗などで脱水に傾きやすい）する。
⑤ 保温（高度に応じて防寒具を着用）に注意する。
⑥ 十分な休養（睡眠）をとる。
⑦ たばこ・アルコールは高度への耐性を低下させる。

> **コラム**　　高所トレーニング
>
> 2500 m 以上の高所で暮らしている人では，血液中の赤血球が増加している人が多い。すなわち，低酸素が長期になると腎臓からエリスロポイエチンが産生されて，赤血球が増加する。この反応を期待してパフォーマンスを増すことを目的に高所トレーニング（一般的には 1500〜3000 m）が行われている。なお，エリスロポイエチンを注射して造血することはドーピングにあたる。

高所トレーニング

6　水中での急性障害

1　水泳

顔面を水で濡らすことだけではなく，水の中に入ると副交感神経が刺激されて心拍数は 10〜20 拍/分少なくなる。したがって，水に入る時，水泳するときはすぐに泳がず，水に入ってウォーミング・アップを行ってから泳ぐようにする。

2　スキン・ダイビング（息こらえ潜水）

① **潜水徐脈**：水中に入ると徐脈になる。冷たい水ではその程度が増す。

② **ブラックアウト現象**：潜水の前に過換気を行うことにより，血中の炭酸ガス濃度を下げると，長く潜ることができる。しかし，そのあいだに低酸素がおこり，水中で死亡することがあるので，この方

スキン・ダイビング（息こらえ潜水）
潜水徐脈

ブラックアウト現象

法は危険である。

③ **肺スクイーズ**：息をこらえて水深30m以上潜ると肺への圧力が大きくなり，肺が圧迫される現象をいう。とくに，肺結核をしたことのある人，気管支喘息などの肺の病気のある人では，水中で肺が圧縮されてスポンジのようになるため，潜水はしてはいけない。

3 スキューバ・ダイビング

① **窒素酔い**：潜り始めて水深30m位から生じる。窒素が血中に溶けて酔っぱらったようになり，注意力や判断力が低下する。

② **減圧症**：スキューバ・ダイビングで急に浮上した時に，血中や組織に溶けていた窒素が気体になって，血管の中で塞栓ができる（潜水病）。関節痛，筋肉痛，呼吸困難，咳，胸痛，頭痛，めまい，意識障害などの症状がでる。

③ **鼓膜障害**：咽頭と中耳のあいだに圧較差ができ，鼓膜が内側に圧迫される。鼓膜破損をさけるために，鼻をつまんで圧をかける耳抜きを行いながら潜る。

2 慢性の障害

1 オーバートレーニング症候群

疲労が取れないままスポーツを続けると慢性疲労の状態になり，練習についていけなくなる。**オーバートレーニング症候群**とは，長距離の陸上選手などの持久性スポーツの練習で，休みを入れないで長期間続けることにより生じる慢性の疲労状態をいう。練習の成果がでなかったり，疲労，睡眠不足，食欲不振などの症状があるが，血液検査では正常である（図2-4）。

1 症状

特徴のある症状はなく，<u>原因不明の競技能力の低下</u>がみられる。
① 易疲労性
② 全身倦怠感

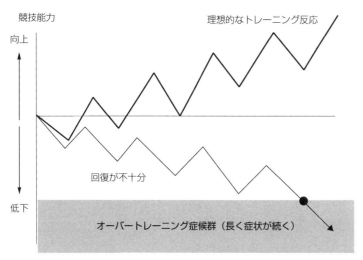

● 図2-4 ● トレーニングによる競技能力の推移
正常なトレーニング反応とオーバートレーニングとの関係を示す。
出典：Budget. R: *Benefits and Hazards of Exercise*. 1999. 一部改変。

③ 頭痛
④ 睡眠障害
⑤ 食欲不振
⑥ 体重減少
⑦ 集中力の低下
⑧ うつ状態

2 早期発見

まじめに一生懸命にトレーニングを続けている選手に見られることが多い。トレーナーやコーチは選手の競技結果がでないのは練習不足ではなく，このような症候群があることを知っておくことが必要である。早期に発見し，対処することが大切である。

① 選手自身にトレーニング日誌をつけさせる。指導者は易疲労性，食欲，睡眠，練習意欲などをチェックする。
② バイタル・サインのチェックを行う。とくに，起床時の心拍数が前日より10拍/分以上に増加している時は注意する。体重減少や男性では体温上昇がサインになることがある。
③ **POMS (profile of mode state)** 検査を定期的にチェックして，潜在性の疲労を早期に発見する。POMS検査を解析して，緊張度，抑うつ度，怒り，元気度，疲労度，混乱度の判定を行う。健常では

POMS

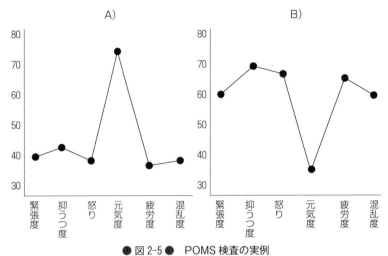

● 図2-5 ● POMS検査の実例
A) 正常の運動選手の例。B) オーバートレーニング症候群を疑う運動選手の例

山型（元気度が高い型）になるが，谷型（元気度が低下して他の項目が高い型）ではこの症候群を疑う（図2-5）。

③ 予防

試合の日程を考えて，年間のトレーニング内容を計画する。たとえば，年間を通じて準備期（50％），競技前期（25％），競技期（15％），休養期（10％）の期分けの考え方を導入して計画を立てる。また1週間の間にも休養日を入れるようにして，個人に見合ったトレーニング量と強度を指導する。

もし，オーバートレーニング症候群を疑えば，早くスポーツ医やスポーツカウンセラーに相談することが必要である。

2　スポーツ貧血

スポーツ貧血

運動を繰り返すことによって赤血球の数が減ったり，ヘモグロビン量が減少する貧血をスポーツ貧血という。ヘモグロビン量が，男性では13.8 g/dl，女性では12 g/dl以下が目安にされている。女性は男性の3倍の発症率になる（図2-6）。

① 原因

原因として第一は，**鉄欠乏による貧血**がある。鉄欠乏には，食事によ

鉄欠乏性貧血

る鉄の摂取量が減ること，汗から鉄が出ていくこと，女性では月経による出血などが原因になる。第二として，下肢の衝撃により血管の中で赤血球が壊れる**溶血による貧血**が主な原因になる。この現象を **foot strike 説**といい，長距離ランナー，バレーボール，バスケットボールなどの下肢に衝撃のある動作を繰り返すスポーツ選手に起こりやすい。したがって，着地した時に衝撃を吸収する靴で予防することが大切になる（図2-7）。

溶血性貧血
foot strike 説

② 症状

自覚症状は乏しい。多くの選手は貧血があることに気付かずにプレーしていることが多い。症状に特徴はないが，全身倦怠感，疲労感が多く，トレーニングについていけなくなる。貧血が持続すると次のような影響が現れる。

① 運動能力が低下する
② 疲労しやすくなる
③ 息切れ感や動悸が強くなる
④ 集中力・意欲・行動力・スタミナが低下して，怪我しやすくなる

③ 予防

食事では，鉄分を多く含んだ食品（緑の野菜，海草類，貝類，赤身の魚など）を多く摂取する。さらに鉄の吸収を高めるためにビタミンCを摂

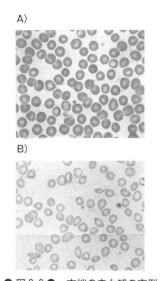

● 図2-6 ● 末梢の赤血球の実例
A）健常者　B）鉄欠乏性貧血のある運動選手

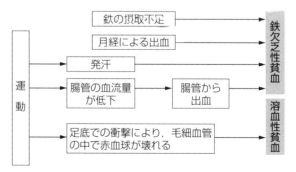

● 図2-7 ● 運動によってスポーツ貧血が生じるメカニズム

取する。またお茶（タンニン酸）は鉄の吸収を阻害するため、鉄剤を飲む時は寝る前に水で飲むようにする。

運動時に足にかかる衝撃を抑えるために、運動靴は底の厚いシューズを選んだり、インソールを用いる。また足底筋（そくていきん）を鍛えるトレーニングを行って、足底のアーチの低下を予防する。

コラム　スポーツと紫外線（日光障害）

日光には紫外線が含まれている。オゾン層が破壊されている現在では直射日光を避けた方がよい。紫外線をあびると皮膚は日焼けするが、波長のより短い紫外線Bや紫外線Cでは皮膚の細胞内のDNAに入り、皮膚がんの原因になる。また目の角膜にあたると炎症（角膜炎）や白内障（はくないしょう）の原因にもなる。

したがって、野外での競技時では日焼け止めクリームを塗り、紫外線防止のウェアーを着て、サングラスを利用するのがよい。とくに、スキー、登山、海岸でのスポーツ時では必須になっている。

日光障害

練習問題

(1) スポーツによる突然死のメカニズムについて述べなさい。
(2) 熱中症の予防法について述べなさい。
(3) 気管支喘息の発作が起こりにくい運動方法について述べなさい。
(4) オーバートレーニング症候群を予防するチェックポイントを述べなさい。
(5) スポーツ貧血の原因とその予防法を述べなさい。

Ⅱ 外科編

外科編では，主として**運動器**の**スポーツ外傷・障害**を取り扱う。運動器には，骨，軟骨，筋肉，神経，筋肉と骨をつなぐ腱，骨と軟骨でできている関節，骨と骨をつないで関節をささえている靭帯も含まれる。これら運動器には，表 2-2 のようにスポーツ活動が原因でさまざまな外傷や障害が発生する。

運動器
スポーツ外傷・障害

1 運動器と外傷・障害

表 2-3 は，運動器と神経，血管などを含めた器官（臓器）名とそこに発生する外傷・障害名と**好発部位**などを示した[1]。好発部位とは，その

好発部位

● 表 2-2 ● 運動器および頭部の外傷・障害，それぞれの考え方（定義）

外傷	一回の大きな外力により急激に（急性に）発症した損傷（ケガ）。骨折，捻挫，肉離れ，選手同士の衝突などによる打撲傷が該当する。頭部では脳震とう。
障害	一回では損傷が生じない程度の小さな外力が繰り返し加わった結果，徐々に（慢性的に）発症した損傷（故障）。疲労骨折や腱鞘炎が該当する。テニス肘や野球肘，水泳肩など種目名＋部位で呼ばれることも多い。頭部では，ボクサーにみられる慢性の脳障害（パンチドランカー）が知られている。さまざまな原因が関わるが基本は使い過ぎ（オーバーユース）であり，別名，使い過ぎ症候群（オーバーユース・シンドローム）。

● 表 2-3 ● 各器官とスポーツ外傷・障害

器官名	外傷	障害	関連事項
骨	骨折	疲労骨折（過労性骨障害）	疲労骨折は下肢に多い
筋肉	肉離れ 筋損傷（挫傷）	骨化性筋炎	肉離れは二関節筋※に多い ※ 2 つの関節をまたぐ筋，大腿の屈筋や下腿の腓腹筋など
腱	腱の損傷（断裂など）	腱炎，腱鞘炎，腱付着部障害	腱の断裂はアキレス腱に多い
靭帯	靭帯の損傷（断裂など）	靭帯炎	足関節の捻挫による靭帯損傷が多い。前十字靭帯損傷は重症。
関節	脱臼，亜脱臼 骨軟骨損傷	関節炎・関節症 離断性骨軟骨症	脱臼は肩関節に多い 関節炎は膝関節に多い
末梢神経	神経損傷	絞扼性神経障害	肘の尺骨神経障害，手掌部のギヨン管症候群（別名サイクリスト麻痺）
中枢神経	頭部外傷 （脳震とうなど） 脊髄損傷	慢性脳障害 （パンチドランカーなど） 頚椎ヘルニアによる脊髄症	頭蓋内出血や脳挫傷も

外傷・障害が，他の部位に比べ発生しやすい部位のことである。

部位別　主な外傷・障害

以下，部位別に主な外傷・障害を概説する。

1　上　肢

① 肩・上腕の外傷・障害（図2-8）

・外傷

脱臼（だっきゅう）が肩甲上腕関節（けんこうじょうわん）や肩鎖関節（けんさ）で発生する。単に肩関節脱臼といえば前者をさす。脱臼に際し，関節唇（かんせつしん）や骨軟骨（こつなんこつ）などが損傷することがあり，その場合は整復（せいふく）しても痛みなどの障害が残る。整復とは，脱臼をもとに戻すことである。

完全に脱臼していないものを亜脱臼（あだっきゅう）というが，多くの場合自然に整

脱臼
肩甲上腕関節
肩鎖関節
関節唇
骨軟骨
整復
亜脱臼

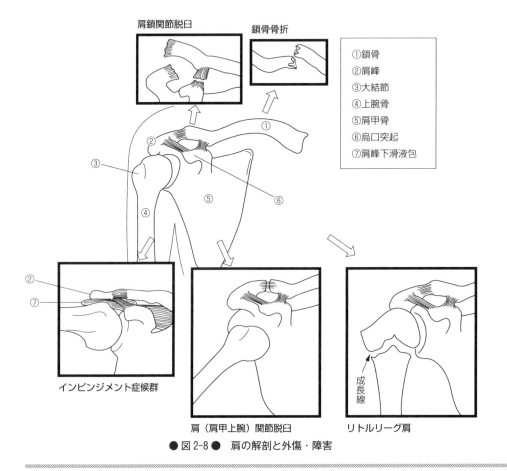

● 図2-8 ● 肩の解剖と外傷・障害

復される。しかし何度も繰り返しているうちに関節を構成する靱帯や関節包などの組織が損傷し症状を生じる様になる。この場合，慢性の亜脱臼障害と診断される。

子どもが肩から転倒したり，自転車競技で落車するとしばしば鎖骨骨折が発生する。

・障害

投球障害肩や**水泳肩（スイマーズショルダー）**として知られているもののひとつに**インピンジメント症候群**がある。オーバーヘッド動作（頭上でのあらゆるプレー，バレーボールのブロック動作などが典型）やクロールでの上肢運動などで，上腕骨の大結節という部分と肩峰とよばれる肩甲骨の外側端の骨の間に**腱板**（いわゆるインナーマッスルが板状に上腕骨に着いている部分）や，その上の**肩峰下滑液包**が衝突する（あるいは，はさまれる）ことにより発生する。

投球障害肩
水泳肩（スイマーズショルダー）
インピンジメント症候群

腱板

肩峰下滑液包

また発育期では成長軟骨（骨端軟骨）があるため，オーバーユースにより上腕骨近位骨端線離解（別名，リトルリーグ肩）が発生する（図2-8）。この障害では少なくとも3ヵ月のノースロー（投球禁止）が必要となる。

② 肘の外傷・障害（図2-9）

・外傷

肘関節の脱臼は，ラグビーなどのコンタクトプレーで発生する。肘頭

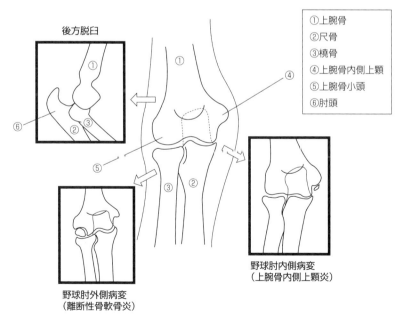

● 図2-9 ● 肘の解剖と外傷・障害

が後方に移動（医学的には転位という）する**後方脱臼**が多い。 　　後方脱臼

・障害

野球肘（投球障害肘）がよく知られている。10歳代前半の野球少年，　　野球肘
とくに投手に多く，肘の内側病変と外側病変に分類できる。しばしば**関**　　関節遊離体（関節ネズミ）
節遊離体（関節ネズミとよばれる）を生じるのは外側病変である。成人の
投手では，肘関節後方に**骨棘**（関節の部分にとげ状にできる骨のこと）な　　骨棘
どが出現することが多い。

> **コラム**　　野球肘の原因は何だろうか？
>
> 　一般にスポーツ障害の原因は3つの大きな要因に分類できる。1つめは身体の使い方の因子，つまりスポーツをすること自体である。これはたとえば練習量という量の因子と野球なら投げ方（フォーム）という質的使い方の2つに分類できる。野球肘が投手，内野手，外野手の順に多いことは，投球機会が多ければ多いほど障害のリスクが増えることを示している。フォームは野球の現場でコーチングの最大のテーマだ。正しいフォームの習得は欠かせない。つぎに第二の因子は自分自身の身体にあらかじめ備わっている因子（内在因子）だ。身長，体重を含めた体格や筋力や柔軟性など体力の因子，そして野球肘で最も重要な年齢の因子（成長軟骨の存在）である。野球肘が10歳代前半に多発することは，この年代自体がリスクになることを示している。骨や体力が未熟なことが原因として考えられる。第三の因子はこれら子どもたちを取り巻く広い意味での環境の因子である。スポーツ用品も含まれるが，一部のリーグでは子どもの野球に大人が使用する硬球を使っている。日常の診療で気づくのは野球肘の子どもには多くの場合保護者が同伴する。家族の期待も背負っているのかも知れない。また練習や試合では監督の采配は絶対である。必ずしも外傷・障害に理解のある指導者ばかりではない。目先の勝利のため投手の連投も珍しくない。
>
> 　このように野球肘が発生する要因は多岐にわたり複雑に絡み合っている。いずれにせよ野球肘の予防のためには，どの因子がどの程度関わっているのかケースバイケースで想像力と分析力をはたらかせることが第一歩である。

③ 手関節・手指の外傷・障害（図2-10)

• 外傷

スポーツ活動で転倒した時，手関節（手首のこと）を背屈（手の甲のほうにそらすこと）して手をつくことが多い。その時に発生するのが**舟状骨骨折**である。またラケットスポーツでラケットの端や野球のバットのグリップエンドで**有鉤骨を骨折**することがある。また，指骨の骨折，指関節の靱帯損傷などがよく知られている。とくにベースボールフィンガーともいわれている**槌指**は，指先の骨（末節骨）にボールなどがあたり主に屈曲を強制されることにより発生するいわゆる突き指である。自分では関節を伸ばすことができない。

舟状骨骨折

有鉤骨骨折

槌指

• 障害

舟状骨骨折が初期に診断されず，骨折部が**偽関節**（関節ではないところがあたかも関節のように動くこと）になり，痛みがつづくことがある。このように，外傷であったものが，診断や治療の経過で慢性の障害となることもある。

偽関節

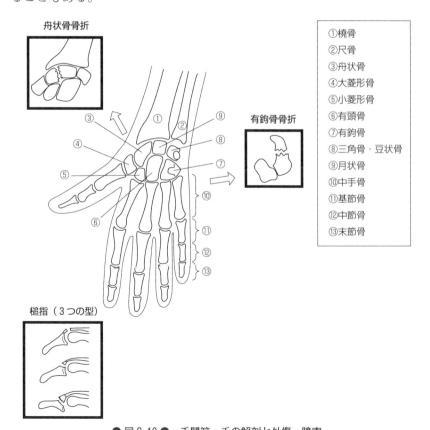

● 図2-10 ● 手関節・手の解剖と外傷・障害

2 下　肢

① 骨盤・股関節・大腿（図2-11）

・外傷

発育期（とくに10歳代前半から後半まで）の場合，骨盤に**起始**（筋肉が着いている部分のうち，身体の中心に近いところ）を持ついくつかの筋が小骨片とともに遠位に移動するような損傷が発生する。これを**裂離**（ちぎれて離れること）**骨折**という。サッカーのキックや急激なダッシュなど，大きな筋力が起始部に作用した際に発生する。発育期の場合，骨が柔らかいため，腱が切れるより骨に裂離が起こるのである。

起始

裂離骨折

・障害

股関節およびその周辺にも障害は多いが，とりわけサッカー選手に多発する**ソケイ周辺部痛症候群**（GPS：グローインペインシンドローム：グローインとはソケイ部のことである）が知られている。サッカーでは，股関節内転筋のオーバーユースになりやすく，手入れをおこたるとその疲労が蓄積し内転筋が拘縮（かたくなり伸びにくくなること），痛みが生じ

ソケイ周辺部痛症候群
　（GPS：グローインペインシンドローム）

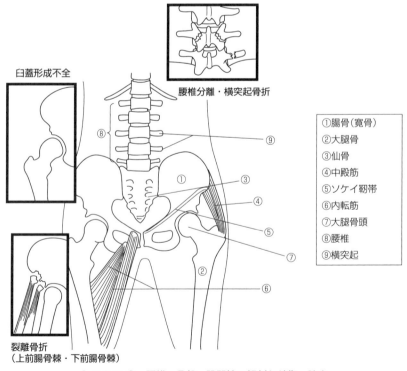

● 図2-11 ●　腰椎・骨盤・股関節の解剖と外傷・障害

て外に開く運動（外転運動という）が少なくなり，ついには骨盤の外側に
ある股関節外転筋である**中殿筋**の筋力も低下し悪循環におちいると考
えられている。単なる休養では軽快せず，特別なリハビリテーションが
必要であるといわれている[2]。

中殿筋

その他，生まれつき股関節のかぶりが浅いことがあり（**臼蓋形成不全**
という），スポーツ活動で股関節の痛みが生じることがある。

臼蓋形成不全

② 膝（図2-12）

・外傷

全ての運動器のスポーツ外傷・障害のなかでも最も重症と考えられて
いる**前十字靱帯損傷**が発生する。重症であるといわれる理由は，前十
字靱帯は一度断裂すると保存的（手術以外の治療方法）では治癒しにくく，

前十字靱帯損傷

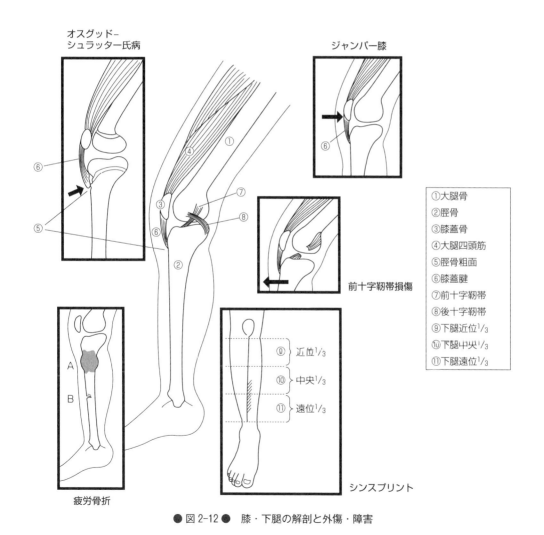

● 図2-12 ● 膝・下腿の解剖と外傷・障害

スポーツをつづける意志がある限り何らかの手術が必要とされるからである。多くの場合，靱帯再建術（ハムストリングスの腱や，膝蓋腱を材料とする移植術）が行われる。しかも手術の後，スポーツ復帰までにほぼ1年を要する。したがって学生スポーツ選手の場合，スポーツ活動の計画や可能な時間との関係で治療の時期に大いに悩むことになる。

・障害

ジャンパー膝がある。膝蓋腱の骨付着部の炎症である。成人ではジャンプのプレーが多いバレーボールやバスケットボールに多い。このジャンパー膝の成長期版ともいえるのが有名な**オスグッド―シュラッター病**※である。疼痛部位は成人と異なり膝蓋腱の脛骨付着部でもある**脛骨粗面**である。単純X線検査では，同部の骨にさまざまな変化が認められる。

ジャンパー膝

オスグッド―シュラッ
　ター病
脛骨粗面

※病名を短縮するため「オスグッド病」と呼ばれることの方が多い。

> **コラム**　　オスグッド―シュラッター病
> ――古くて新しい発育期特有のスポーツ障害
>
> 　オスグッド先生とシュラッター先生がこの障害を最初に報告したのは1903年なので，すでに100年以上の歳月が流れたことになる。この病態の本質には諸説あるが，いずれにせよ脛骨粗面部の成長軟骨部の骨化障害であることは間違いない。一時期，脛骨粗面の膝蓋腱付着部に過大なストレスを加えるうさぎ跳びが主犯人としてやり玉にあげられ，トレーニングの現場ではもはや姿を消した感があるが，今なおオスグッド―シュラッター病は無くなってはいない。
> 　スポーツ動作で大腿四頭筋を使わないものはないといっても過言ではない。使う限り脛骨粗面にストレスは作用する。近年，種目を問わずジュニアスポーツのレベルも年々上がり競争は激しくなるばかりだ。今後ともこの障害は無くならないだろう。ただ，治療法として大腿四頭筋のストレッチングが有効であることが明らかになっている。広い意味のコンディショニングで克服できるスポーツ障害と考えられる。

③　下腿（図2-12）

・外傷

以前はスキーによるらせん状骨折やブーツトップ骨折などが代表的な

外傷であった．

・障害

シンスプリントと**疲労骨折**（図2-12 A：疾走型，B：跳躍型）がある。とくに後者は，脛骨と腓骨が身体の中でも最も好発部位として知られている。

シンスプリントは障害の程度としては軽症であるが，競技スポーツ選手にとって競技力を100%発揮するという点では無視できない。下腿の中央3分の1と遠位3分の1の境界部を中心とした内側で後方の痛みが特徴である。筋力が未熟な新人選手などに発症しやすいことが知られている。

④ 足関節・足（図2-13）

・外傷

足関節捻挫はスポーツ外傷のうちで最も多いものとして知られている。スポーツ活動中に足くびが**底屈**（足の裏の方に曲げる）かつ**内反**（内側に曲げる）した時に発生する。

損傷の程度は，第Ⅰ度は靱帯が一部損傷したもの，第Ⅱ度は**前距腓靱帯**が断裂したもの，および第Ⅲ度は，前距腓靱帯に加え**踵腓靱帯**も断裂

シンスプリント
疲労骨折

足関節捻挫
底屈
内反

前距腓靱帯
踵腓靱帯

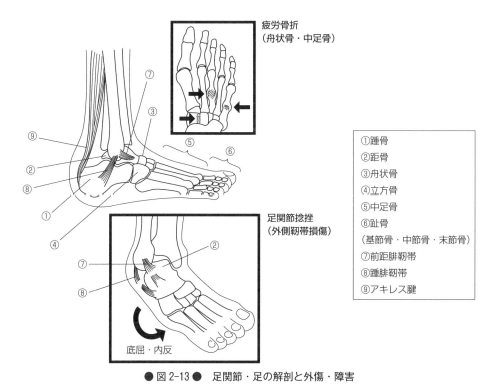

●図2-13● 足関節・足の解剖と外傷・障害

したもの,に分類されている。最近では,特殊な場合を除いて重症のものでも保存的に治療できるといわれている(第6章 pp. 101～105参照)。

・障害

足のアーチ(土ふまずのこと)の疲労などが原因で,足の痛みが生じる。もともと骨格に問題があることも少なくない。原因を特定することがしばしば困難で,**いわゆる足痛症**と診断されることもまれではない。

> いわゆる足痛症

また疲労骨折がしばしば発生する。とくに中足骨が好発部位として知られる。そのうちサッカー選手に多い第5中足骨の疲労骨折や陸上選手に多い舟状骨の疲労骨折は治りにくい骨折として有名である。

3 頭頸部

① 頭部

・外傷

頭部外傷の臨床的分類として古くから荒木の分類(1954)が知られている(表2-4)。Ⅰ型は無症状型,Ⅱ型は脳震とう型,Ⅲ型は脳挫傷型およびⅣ型は血腫型である。画像診断などが進歩した現在では必ずしも当てはまらない場合もあるが頭部外傷の基本的な理解に役立つ。

● 表2-4 ● 頭部外傷の臨床分類

第Ⅰ型　単純型　無症状型
第Ⅱ型　脳震とう型
意識障害が6時間以内に消失,脳の局所症状(−)
第Ⅲ型　脳挫傷型
意識障害が6時間以上持続,脳の局所症状(+)
第Ⅳ型　頭蓋内出血型
時間とともに意識障害,局所症状が増悪

出典:荒木千里「頭部外傷」『日本外科全書』金原出版,1954年より引用

図2-14は荒木のⅣ型に関する荻野の原図[4]に他の三型を追加・改変したものである。Ⅳ型は一時的に意識障害から回復しても,頭蓋内の血腫増大により徐々に意識障害が発生する。意識が正常に戻っていた時間帯をとくに**意識清明期**という。スポーツ現場では,この時間帯の有無にとくに注意を喚起したい。

> 意識清明期

荒木のⅡ型である脳震とうは6時間以内に意識障害が回復し,以後の後遺症はみられないというのが古典的な定義であったが,近年,複数回脳震とうが発生することにより重大な事態が生じることが明らかになり

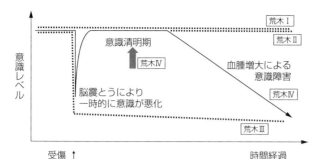

● 図2-14 ● 頭蓋内血腫により意識障害を来す場合の意識レベルの変化

(原図：荻野, 2005による[4]) に無症状型（荒木Ⅰ型），脳震とう型（荒木Ⅱ型）および脳挫傷型（荒木Ⅲ型）をそれぞれ破線で追加し改変

つつある。繰り返しになるが，荒木のⅡ型は荒木のⅣ型の可能性もあり，意識が回復しても注意深い観察を続けなければならない。

なお重要なことは，**意識障害**という言葉の意味である。完全に意識を失う（失神）ことはもちろん意識障害であるが，普段の状態より少しでも意識レベルが低下していれば意識障害と判定する。とくに見当識のチェックが重要である（表2-5）。

意識障害

● 表2-5 ● 意識障害としての見当識障害の評価

「ここはどこですか？」 　今いるグラウンドや体育館の名前は？ 　現在の場所について認識しているか？ 「今日は何月何日？」「何曜日？　今何時頃？」 　現在の時間を認識しているか？ 「この人はだれ？」「誰か分かる？」 　毎日会っている親しい人の顔・氏名を認識できるか？

見当識障害

• 障害

前述のように従来何ら後遺症を残さず治癒すると考えられていた脳震とうであるが，それらが繰り返し発生した場合，脳に永続的な損傷が加わることが指摘されている。ボクサーやアメリカンフットボール選手にみられることがあり，慢性の脳障害として過去に脳震とうの既往歴のある選手や発生しやすい種目の場合，定期的なメディカルチェックが望ましい[5]。

② 頸部

• 外傷

頸椎の外傷は，3つのレベルで考えるとよい（表2-6）。この場合も，神経症状（手足の運動や感覚の症状）の有無が最も重要である。最重症の

● 表 2-6 ● 頸部損傷の3つの病型

1. 局所型	頸椎の関節捻挫のみ　神経症状はない。
2. 末梢神経型	上肢に何らかの神経症状がある。受傷時に燃えるような痛みを生じた時バーナー症候群とよばれる。筋力の低下が観察される。
3. 脊髄損傷型	神経症状は，上肢のみならず下肢にも及ぶ。完全損傷では，四肢の麻痺をきたす。

場合，すなわち完全な**頸髄損傷**には，頸部以下の運動がまったく見られず，早急に医療機関への搬送が要求される。

頸髄損傷

• 障害

頸椎は，種目やポジションによってオーバーユースの障害が発生する。たとえばアメリカンフットボールやラグビーのフォーワードの選手などでは頸部の酷使により一般の人より頸椎椎間板ヘルニアによる脊髄障害の危険性が高いと思われる。

4 体　幹

① 背部・腹部

• 外傷

打撲傷がしばしば発生する。注意すべきは，腹部打撲による**内臓損傷**である。前方では脾臓破裂，後方では腎臓損傷が報告されている。

内臓損傷

② 腰部（図2-11）

• 外傷

打撲では，しばしば**腰椎横突起**が骨折する（コラム参照）。

腰椎横突起

• 障害

人類の実に8割が一度は経験するといわれている腰痛症がある。スポーツ選手も例外ではない。重要なことは，すべての腰痛は**根性腰痛症**か**非根性腰痛症**の二者に分類できることである（表2-7）。

根性腰痛症

非根性腰痛症

● 表 2-7 ● 腰痛の基本的な分類と注意事項

腰痛症	特徴	代表的な診断名
根性腰痛症	下肢の神経症状が出現　精密検査が必要	腰椎椎間板ヘルニア　腰部脊柱管狭窄症　一部の腰椎分離すべり症
非根性腰痛症	神経の症状はない	いわゆる腰痛症（非特異的腰痛症）　多くの腰椎分離症

> **コラム**　　ネイマール選手の悲劇
>
> 　サッカーの2014年ブラジル・ワールドカップ準々決勝で地元ブラジルのエース，ネイマール選手が相手選手に後方から膝げりを受け，腰部を打撲した。直後より同選手は自力で立ち上がれず，グラウンドから担架に乗せられ退場した。このネイマールの退場は，地元ブラジルだけでなく全世界のサッカーファンを失望させたばかりでなく，エース不在で行われた準決勝対ドイツ戦の歴史的大敗を招く一因ともなった。外傷の診断結果は第三腰椎の横突起（おうとっき）の骨折と報道されたが，まかり間違えば腎臓などの内臓損傷の可能性もあった。大変危険なプレーといわざるを得ない（図2-11参照）。

　スポーツ活動との関係という点では腰椎分離症がよく知られている。これは，椎弓突起間部（ついきゅうとっきかんぶ）という椎体の部分に疲労骨折が生じたと考えられている。とくに発症年齢に特徴があり，14歳前後にピークがある[3]。

> **コラム**　　腰痛の85％は原因不明？
>
> 　腰痛の85％は，非根性腰痛症の代表である「筋・筋膜性腰痛症」や「いわゆる腰痛症」，あるいは俗に筋肉痛と呼ばれてきた腰痛であり原因は不明であるとされる。最近では，診察や画像検査で特異的な所見を認めないという意味で「非特異的腰痛症」と呼ばれることが多い。
>
> 　ただこの数字は，米国の家庭医が腰痛患者を診断した数字であり，主として整形外科専門医が診察する我が国とは事情は違うのではないかともいわれている。「非特異的腰痛症」の多くは予後良好で，一ヶ月以内に軽快するのが普通だ。ただスポーツ選手・愛好家にとっては大きなブランクとなる。スポーツ医学，とりわけスポーツ整形外科の分野では，これら「非特異的腰痛症」をいくつかの特徴を備えた病型に分類できないものかというのは大きな研究テーマだ。今後に期待したい。

スポーツ現場における外傷・障害の対策

　スポーツ現場での外傷・障害対策の基本を，代表的な外傷・障害について注意事項を解説する。

1　外傷に対する対策

　目の前で何が起こったのかを的確に判断することは，ベテランの医師やトレーナーでも簡単ではない。機会をみつけてスポーツ現場にでかけて行き，できる限り経験を積むことが望ましい。

　① 　重大事故かそうでないかの判断

　スポーツ事故では頭部の外傷が最も重症である。頭部の場合，意識障害の有無が最も重要である。少しでも反応が鈍い場合や見当識障害がみられる場合は救急搬送を手配する。

　一般に本人と通常の会話が成立すれば意識は大丈夫である。その場合，手足が動くかどうか（運動神経），痛みなどを感じているかどうか（知覚神経）を確認する。動きがなかったり，皮膚の感覚が鈍い場合，頸髄の損傷の可能性があり救急搬送を手配する。

　② 　変形や腫れの観察

　骨折であれば，大なり小なり受傷部に変形がみられる。痛みの程度は骨折の場合，多くは「激痛」と表現できる。下肢の場合，立つことはまったく不可能である。他人の肩を借りてでも立つことができれば骨折の可能性は少ない。次いで患部を観察し，注意深く圧迫し圧痛を調べる。通常，腫れていれば熱感がある。捻挫では，損傷している靱帯には必ず圧痛がある。

　③ 　**RICE 処置**と患部の固定　　　　　　　　　　　　　　　　　　　RICE 処置

　安静を意味する Rest の「R」，氷（Ice）で冷やすので「I」，圧迫を意味する Compression の「C」および上に挙げることを意味する Elevation の「E」のそれぞれ頭文字をとって「RICE」処置という。

　具体的には，図 2-15 のようにビニール袋あるいは市販のアイシングバッグに氷（少し水を加える場合もある）を入れ，患部にあて弾力包帯で固定する。さらに可能な部位であれば心臓の高さより高いところに上げ安静を保持する。

　なお，骨折が明らかな場合，患部を固定する。その際，骨折部にズレ（転位）が生じているのが通常なので，少しでも正常の形に戻す操作（整復）が必要である。脛骨や腓骨，大腿骨などの長管骨では，骨折部を引き離すように引っ張る（牽引）とよい。その位置で副木（ドイツ語の「シ

● 図 2-15 ● RICE

ーネ」とよばれることが多い）をあて固定する。野外活動などで副木がなければ，それに代わるもので代用する。

その際，長管骨であれば，骨折部をはさむ上下の関節を固定することが原則（**二関節固定の原則**）である。たとえば下腿の場合，膝関節と足関節の固定が必要であるから，副木は大腿部から足までの長さが必要である。

二関節固定の原則

2 障害に対する対策

① 症状の観察

症状としては痛みが主であるが，関節であれば可動域の制限などが見られる。各関節にはそれぞれ参考可動域が定められているが，通常は健側（障害ではない方）と患側（障害のある方）を比較すればよい。

痛みが慢性になっている場合，筋の萎縮が認められることが少なくない。四肢のそれぞれの計測部位（上腕は中央，前腕は最大部，大腿は膝蓋骨近位端から 10 cm の部位，下腿は最大部）で周囲径をテープメジャーで測定する。この場合も健側と患側を比較する。

② 対策

除痛（痛みを取り除くこと）が最も大切な対策となる。局所の安静と冷却，外用薬（クリームなどの塗薬や湿布薬）が用いられる。また，日頃の練習前後の**ストレッチング**などのコンディショニングを入念に行うことは言うまでもない。場合により，テーピングや装具（膝のブレースや足部のインソールなど）も適用される。痛みが長引く場合には自己判断ではなく，必ず医師の診察を受け，その指示に従う。

ストレッチング
（第5章 p. 83 参照）

おわりに

　主として運動器や頭頸部の外傷・障害について概説した。細かな外傷・障害名はともかく，日常よく耳にする外傷・障害名から一つずつ理解を深めたい。外傷・障害名に慣れたら，その外傷・障害がなぜ発生するのか，さらにその発生がスポーツ動作と運動器の構造や機能とどう関係するかにも興味をもって探究して欲しい。

　そのためには，手許に常に解剖書を置き機会があるごとに見直して運動器の構造を確認してほしい。知れば知るほど，さらに興味がわいてくること必至である。健闘を祈っている。

【参考文献】
1）奥脇　透「アスリートの外傷・障害と対策」公益財団法人日本体育協会編『公認スポーツ指導者養成テキスト共通科目Ⅲ』2005年，pp.186-192
2）仁賀定雄「Groin Pain Syndrome（鼠径周辺部痛症候群）」『新版スポーツ障害の理学診療・理学療法士』文光堂，2003年，pp.197-212
3）吉田　徹ほか「成長期脊椎分離症」『整・災外』，43，2000年，pp.1249-1259
4）荻野昌宏「スポーツと頭部外傷　頭部外傷10か条の提言」『日本臨床スポーツ医学会誌』13，2005年，pp.164-173
5）森　照明ほか「脳のスポーツ医学新戦略（その2）」『臨床スポーツ医学』23，2006年，pp.1055-1080

練習問題

(1) 運動器とは何か？　代表的な運動器の名称を三つあげるとともに，それぞれの役割を説明しなさい。また運動器のスポーツ外傷とスポーツ障害の違いを，二つの観点（発生の仕方の違い，原因の違い）から説明し，それぞれ代表的な外傷や障害名を三つ書きなさい。

(2) 上肢（肩，肘，手関節・手）の外傷・障害で，自分の周囲やスポーツメディアなどで，これまで見聞したことのあるものを一つあげ，その外傷・障害の内容，治療，その後の経過を書きなさい。

(3) 下肢（股関節，膝，下腿，足関節・足）の外傷・障害で，自分の周囲やスポーツメディアなどで，これまで見聞したことのあるものを一つあげ，その外傷・障害の内容，治療，その後の経過を書きなさい。

(4) 体幹（腰部）の外傷・障害で，自分の周囲やスポーツメディアなどで，これまで見聞したことのあるものを一つあげ，その外傷・障害の内容，治療，その後の経過を書きなさい。

(5) スポーツ現場で頭部の外傷が発生した時，現場に居合わせたスタッフの一人としてどうすべきか，重要な点を指摘し判断基準と対策を書きなさい。

第3章
スポーツ栄養学

1 運動と食事管理

　2010年にIOC（国際オリンピック委員会）が発表したスポーツ栄養に関する合意声明にも書かれているように，食事の仕方は競技成績の向上に大きく影響する。また，適切な量や内容の食事を適切なタイミングでとることは，練習効果を高めたり障害を防止したりするのに役立つ[1]。
スポーツ栄養学とは「運動やスポーツによって身体活動量が多い人に対して必要な栄養学的理論・知識・スキルを体系化したもの[2]」と定義されている。

> スポーツ栄養学

　スポーツを行うと，日常的な生活に比べて**身体活動量**（「身体活動の強さ」×「行った時間」）が多くなる。

> スポーツ
> 身体活動量

　競技成績向上のためにトレーニング量を増やしてもうまくいかない時には，競技種目の特性に合わせた食べ方をしているか，栄養バランスのとれた食生活であるかどうかを再点検することも必要である。

【身体活動量が中程度～少ない】
健康維持増進・生活習慣病予防のための身体組成にあわせた食事管理と栄養学

【身体活動量が多い】
種目特性（体重管理を含む）や身体活動量にあわせた食事管理と栄養学

2 エネルギーと栄養のかかわり

　一般的に私たちが食べ物に対して「カロリーが高い（低い）」という場合の「カロリー」とは，摂取した食物に含まれる栄養素によって体内で発生するエネルギー量（**生理的燃焼値**）をさす。**炭水化物**（糖質）とタンパク質の生理的燃焼値は1gあたり4kcal，脂質は1gあたり9kcalである（アトウォーターの係数）。食事バランスをエネルギー摂取量で考える場合には，これら3つの栄養素（**エネルギー産生栄養素**）が食事に含ま

> 生理的燃焼値
> 炭水化物（糖質）
> 　炭水化物＝糖質＋食物繊維
>
> エネルギー産生栄養素
> 　三大栄養素ともいう。

51

●図3-1● 栄養成分表とエネルギー産生栄養素バランスの計算，考え方の例

唐揚げ弁当（唐揚げ5コ，卵焼き，漬け物，キャベツ）

エネルギー	848 kcal
たんぱく質	25.6 g
脂質	45.8 g
炭水化物	76.5 g
食塩相当量	3.4 g
食物繊維	1.2 g
鉄	1.48 mg
カルシウム	32.9 mg

タンパク質の摂取エネルギー比
25.6×4／848×100＝12.1％
脂質の摂取エネルギー比
45.8×9／848×100＝48.6％
炭水化物の摂取エネルギー比
76.5×4／848×100＝36.1％

これだけだと脂質の摂取エネルギー比が多いので，1日の食事全体で野菜や炭水化物を意識して摂取する。お弁当だけでなく，低脂肪牛乳やバナナ，ゆでブロッコリーなどをつけたすのも良い。

れるエネルギー量のほとんどを占めていることからProtein（タンパク質），Fatty Acid（脂質），Carbohydrate（炭水化物）のエネルギー組成比（**PFCバランス**または**エネルギー産生栄養素バランス**）がP：F：C＝15〜18：25〜30：55〜60になるようにする[3]。白飯を主食として汁物（副菜）やおかず（主菜・副菜）をとりあわせた日本型の食事はPFCバランスが理想に近い。しかし，揚げ物や肉料理などが多くなると脂質の摂り過ぎになりやすい。ほとんどの市販加工食品に記載されている**栄養成分表示**を使うとPFCバランスが計算できる（図3-1）。外食ではメニューや店舗のWEBページなどに栄養成分が掲載されている場合がある。栄養評価は1食ごとではなく1日の食事全体で行うものであるから，昼ご飯が偏っていたら，晩ご飯で補えば良い。基本的に1日3食とし，エネルギー摂取量によっては**補食（間食）**を入れる。栄養バランスは2〜3日でととのえられるように考えても良い。栄養摂取の目的だけで食事をしても満足感は得られにくいので，好きな食物や季節のものなども取り入れて食事を楽しめるようにする。

PFCバランス
エネルギー産生栄養素バランス

栄養成分表示

補食（間食）

3　栄養素と栄養障害

ヒトの生命維持に必要な栄養素は**五大栄養素**（エネルギー産生栄養素＋ビタミン＋ミネラル）に水分を加えたものであるが，近年では栄養素ではない**食物繊維**や**機能性成分**も注目されている。

五大栄養素

食物繊維
機能性成分
　※機能性成分は緑茶の渋味成分や大豆のイソフラボンの↗

1 糖質（炭水化物）

糖質は穀類などの主食に多く含まれ，運動に必要なエネルギーを作り出す栄養素である。摂取した糖質のうち，約半量は血糖になり各細胞に取り込まれてエネルギー源に，残り約半量は脂肪の形で貯蔵される。**グリコーゲン**として筋肉や肝臓に蓄積されるのは成人で約 400 g であるが，**筋グリコーゲン**は筋肉を動かすエネルギーとして，**肝グリコーゲン**は血液へのグルコース供給源として重要である。長時間運動を継続する場合には貯蔵グリコーゲンがなくなりやすいので運動中に糖質を補給することもある。表 3-1 に 1 食あたりに含まれる糖質量の目安を示した。食物摂取後の血糖値の上がりやすさを**グリセミックインデックス**（**GI**）と呼ぶ。GI の高い食品も貯蔵グリコーゲンを高めるのに役立つといわれるが，同じ食品でも調理法や個体差，他の食物との食べ合わせなどで変化する。柑橘類などに多い**クエン酸**とグルコースをいっしょに摂取するとグリコーゲンの回復が早いという報告もある。

2 脂質（脂肪）

脂質は必要不可欠な栄養素である。脂質摂取量は脂質の重量で考えるのではなく，1 日のエネルギー摂取量に対する比率で考え，アスリートで 30％以下になるようにする。ちなみに，平成 28 年国民健康・栄養調査における 15〜19 歳の 1 日あたり平均脂質摂取量は 69.0 g であったか

ように，栄養素ではないが体内で吸収されて血圧の上昇抑制作用や血糖値の調節作用といった健康維持に関する機能を持つ成分をさす。

糖質
グリコーゲン
筋グリコーゲン
肝グリコーゲン

グリセミックインデックス（GI）

クエン酸

脂質（脂肪）
脂質は水に溶けない物質，脂肪は油脂をさす言葉で，脂質のなかに脂肪が含まれる。

● 表 3-1 ● 単位あたりの主食などに含まれる炭水化物量の目安（日本標準食品成分表 2015 に基づき作成）

名称	市販おにぎり1つ	食パン5枚切り1枚	ゆでうどん1人前	ハンバーガー1つ	ご飯（お茶碗一杯）	バナナ1本（中）
重量（目安）	110 g くらい	80 g くらい	200 g くらい	企業により重量はまちまち	150 g くらい どんぶり一杯は 260 g くらい	皮込で 150 g くらい（可食部 90 g くらい）
炭水化物量（g）	【41 g】	【37 g】	【43 g】	【30〜38 g くらい】	【56 g】	【19 g】くらい
GI 値（平均）	（ご飯を参照）	75±2	55±7	66±8	73±4	51±3

注）GI 値は Glycemic Index Table v1.0, Nutrition Wonderland, 2009 より引用
出典：URL：http://nutritionwonderland.com/2009/06/glycemic-index-table/

ら，摂取エネルギー比は29.6％になる[4]。脂質を摂りすぎると肥満につながるだけでなく，胃の滞留時間が長くなって内臓に負担をかけやすい。普段の食事を見直した時に，揚げ物など脂質摂取量が多いと感じたら，同じ食品を食べる時に調理方法を変更して脂質を除去するのも一案である。定期的に体脂肪率を測定することで脂質摂取量も点検できる。

3 タンパク質

タンパク質は身体をつくるうえで重要な栄養素であるが，消費エネルギーが非常に大きい場合は糖質と同等のエネルギー源にもなる。

タンパク質の質はヒトの体内で合成できない**必須アミノ酸**（図3-2）のバランス（**アミノ酸価**）で決まる。**分岐鎖アミノ酸（BCAA）**は，主に筋肉内のエネルギー源として用いられ，後述するエルゴジェニックエイドとしても普及している。米国スポーツ医学会によれば，持久力を重視する場合は体重1kgあたり1.2〜1.4g，筋力・筋パワーを重視する場合は1.2〜1.7gのタンパク質摂取量が推奨されている[5]。

体タンパク質の合成には必須アミノ酸がすべて必要であり，肉類にはアミノ酸価の高いものが多い。しかし，肉類を中心に摂取すると脂質の摂り過ぎにつながりやすいので，魚介類や豆類・大豆加工食品なども適宜摂取する。日本の伝統的な食品である「麩」「ゆば」「きな粉」「高野豆腐」「納豆」「豆腐」「するめ」「海苔」などにもタンパク質は多い。

表3-2に筋力系トレーニングを行っているアスリートの食事例を示した。体重70kgの筋力トレーニングを行っているアスリートの場合，約120gのタンパク質を摂取することになるが，サプリメントを用いなくても摂取可能であることがわかる。基本的な食品に含まれるタンパク質量は**日本食品標準成分表2015（七訂）**（以下，食品成分表）で調べられる。

タンパク質

必須アミノ酸

アミノ酸価
分岐鎖アミノ酸（BCAA）
 BCAA：Branched Chain Amino Acids の頭文字

日本食品標準成分表 2015（七訂）

● 図3-2 ● 天然に存在するアミノ酸

● 表3-2 ● アスリートの基本の食事の基本形の各項目に用いる食品から摂取できるタンパク質とエネルギー

70 kg の筋力トレーニングを行っているスポーツ選手の場合……約120 g のタンパク質（体重1 kg あたり1.7 g として）

		エネルギー (kcal)	タンパク質 (g)
主菜			
	卵 MS サイズ 1 個	76	6.2
	鶏ささみ 3 本 150 g	158	34.5
	鮭 1 切れ 80 g	106	15.6
	木綿豆腐 1 丁 300 g	216	19.8
乳製品			
	普通牛乳 200 ml × 2 杯	268	13.2
	ヨーグルト（プレーン・無糖）200 g	124	7.2
主食			
	ごはん（茶わん 4 杯）600 g	1008	15.0
	食パン（6 枚切りで 2 枚）120 g	317	11.2
	合計	2272	122.7

メニューへの展開例

朝食　食パン6枚切り2枚
　　　ほうれん草と卵（1個）のスープ
　　　トマトときゅうり，豆腐（1/2丁）の中華風サラダ
　　　ヨーグルト80 g
　　　オレンジ100％ジュース
間食　牛乳 200 ml
昼食　ごはん（めし）300 g
　　　鶏ささみ（3本）の葛うち風（＋付け合わせ野菜）
　　　みそ汁（豆腐1/4丁とわかめ）
　　　キウイとヨーグルト（50 g）
間食　牛乳 200 ml とバナナ
夕食　ごはん（めし）300 g
　　　鮭（1切れ80 g）のムニエル（＋付け合わせ野菜）
　　　野菜の白和え（豆腐1/4丁）
　　　ヨーグルト（70 g）
　　　果物
※**太字**は左表の食品

出典：メディカル・フィットネス協会監修『新スポーツ栄養学』嵯峨野書院，2016年，p.127 より引用

4　ビタミン

　表3-3に主なビタミンとその働きをまとめた。激しい運動などで生体内の代謝が通常より活発になると，生体内で**フリーラジカル**を含む**活性酸素**の発生量が増加しやすい。それらを消去するのがビタミンC, Eである。2015年度版の食事摂取基準における**ビタミンC**の推奨量（15歳以上）は1日あたり100 mgである[3]。過剰摂取分は尿とともに排せつされるので，1日の摂取上限量は決められていない。ビタミンCはスポーツドリンクやアスリート向け栄養補助食品などにも添加されていることから，アスリートのビタミンC摂取量は一般の人に比べて多い傾向にある[6]。**ビタミンE**は15～17歳の目安量が1日あたり男子7.5 mg，女子6.0 mgである。脂溶性ビタミンのビタミンEはサプリメントなどから摂取できるうえに過剰摂取分が肝臓に蓄積するので1日あたりの**耐容上限量**（15～17歳では男子750 mg，女子650 mg）が決められている[3]。

　ビタミンDはカルシウムの吸収に関与している脂溶性ビタミンで，15～17歳における目安量は1日0.0060 mgである[3]。表3-3より**ビタミンB群**をはじめとする水溶性ビタミンはエネルギー（ATP）を産生する際の補酵素になる。したがって，エネルギー源としての糖質補給時には

フリーラジカル
活性酸素

ビタミンC（アスコルビン酸）

ビタミンE

耐容上限量

ビタミンD

ビタミンB群

● 表3-3 ● 主なビタミンとその働き

水溶性ビタミン				脂溶性ビタミン			
ビタミン名	主な機能	代表的な欠乏症	多く含む食品	ビタミン名	主な機能	代表的な欠乏症	多く含む食品
ビタミンB1（チアミン）	エネルギー産生にかかわる酵素の補酵素	脚気	豚肉，胚芽，豆類，種実類	ビタミンA（レチノール）	視覚機能の維持，成長や発育に関与	夜盲症　眼球乾燥	レバー，うなぎ，乳製品，緑黄色野菜
ビタミンB2（リボフラビン）	酸化還元反応にかかわる酵素の補酵素	口内炎　皮膚乾燥	レバー，卵，魚介類，乳製品，緑黄色野菜	ビタミンD（カルシフェロール）	カルシウムの吸収促進，骨の成長	くる病　骨粗しょう症	魚介類，卵，キノコ類
ビタミンB6（ピリドキシン）	アミノ酸代謝にかかわる酵素の補酵素	皮膚炎　貧血	肉類，魚類，豆類，野菜類	ビタミンE（トコフェロール）	抗酸化作用，細胞膜の安定化	溶血　動脈硬化	植物油，種実類，魚介類，緑黄色野菜
ビタミンB12（コバラミン）	アミノ酸合成に関与	悪性貧血	魚介類，肉類，乳製品，卵黄	ビタミンK（フィロキノン）	血液凝固因子の合成，骨形成に関与	出血	納豆，胚芽，藻類，緑黄色野菜
ナイアシン（ニコチン酸）	酸化還元反応にかかわる酵素の補酵素	ペラグラ	米ぬか，魚介類，干ししいたけ，らっかせい	*ビタミン名の下にある（カッコ）の名称は別名を指す。			
パントテン酸	コエンザイムAの構成成分，エネルギー産生に関与	ほとんどない（腸内細菌が合成）	卵，肉類，豆類，野菜類				
ビオチン	エネルギー産生にかかわる代謝酵素の補酵素	ほとんどない（腸内細菌が合成）	魚介類，肉類，豆類，野菜類，果物類				
葉酸	アミノ酸合成，核酸合成に関与	巨赤芽球性貧血	緑黄色野菜，その他の野菜，豆類，レバー				
ビタミンC（アスコルビン酸）	抗酸化作用，コラーゲン合成	壊血病	果物類，緑黄色野菜，いも類				

出典：メディカル・フィットネス協会監修『スポーツ栄養学』嵯峨野書院，2013年，p.12 より引用

水溶性ビタミンの摂取量にも注意しなければならない。

5　ミネラルと貧血・骨代謝

① カルシウム，リン，マグネシウムと骨代謝

　体内の**カルシウム**のうち，およそ99％が骨や歯に，残り約1％が細胞内にある。骨塩量の低下は**疲労骨折**を招きやすい。骨折しにくく強い骨を作るにはリンとの比やマグネシウムなどとの比にも考慮しながらカルシウム摂取源の多い献立にする。

　食品中のカルシウム吸収率は食品によって異なる。牛乳・乳製品で約40％，小魚類で約30％，野菜類で約17％であるが，ビタミンDととも

カルシウム

疲労骨折

● 表3-4 ● 主なミネラルとその働き

ミネラル名 (元素記号)	主な機能	代表的な欠乏症	多く含む食品	ミネラル名 (元素記号)	主な機能	代表的な欠乏症	多く含む食品
カルシウム (Ca)	骨や歯の構成成分 神経伝達の調節 血液凝固系に関与	くる病 骨軟化症	牛乳, 乳製品, 小魚, 緑黄色野菜, 豆類	カリウム (K)	細胞内液に存在する 細胞浸透圧に関与	ほとんどなし	野菜類, 果物類, 藻類, 魚介類
リン (P)	骨や歯の構成成分 エネルギー代謝に関与	ほとんどなし	魚介類, 玄米, 卵, 加工食品	鉄 (Fe)	ヘモグロビンやミオグロビンの構成成分	鉄欠乏性貧血	レバー, 藻類, 魚介類, 豆類
マグネシウム (Mg)	細胞膜成分 骨や歯の構成成分 筋収縮, 神経興奮伝達に関与	虚血性心疾患の発症増大	藻類, 種実類, 緑黄色野菜, 玄米	銅 (Cu)	活性酸素消去に関する酵素の構成成分	貧血, 骨異常	魚介類, 種実類, 茶, 豆類, レバー
				セレン (Se)	過酸化脂質に関する酵素の構成成分	心筋症	魚介類, 卵, 藻類, 肉類, 玄米
ナトリウム (Na)	細胞外液に存在する 細胞浸透圧に関与	過剰症に注意 (高血圧など)	食塩, 調味料 (醤油など)	亜鉛 (Zn)	タンパク質, 核酸の代謝に関連する酵素の構成因子	味覚障害, 皮膚異常	牡蠣, 穀類, 魚介類, 肉類, 豆類

出典:メディカル・フィットネス協会監修『スポーツ栄養学』嵯峨野書院, 2013年, p.15より引用

に摂取すると吸収率が高まるので多様な食品を摂取するように心がける。一般的には15～17歳のカルシウム推奨量は1日あたり男性800 mg, 女性650 mgである[3]。アスリートはもう少し多くても良い。なお, **リン**は加工食品や飲料などにもリン酸塩として添加されることが多く, 逆に骨からカルシウムが溶出する**リン過剰症**が懸念されている。リン過剰症は骨粗しょう症にもつながりやすい。

リン

リン過剰症

2 鉄と貧血

鉄は赤血球に存在して酸素を運搬する**ヘモグロビン**の構成元素であるほか, 筋肉中では酸素を貯蔵する**ミオグロビン**の構成元素として存在している。アスリートのうち, 特に女性アスリートは**鉄欠乏性貧血**にならないよう注意が必要である。発汗が多い季節や時間帯になると, 発汗にともなって鉄も溶出するので意識して鉄を摂取する。鉄にはヘム鉄(肉類, 魚介類など)と非ヘム鉄(海藻, こまつなど)があり, ヘム鉄は吸収されやすいが, 非ヘム鉄は吸収されにくい。非ヘム鉄の吸収を良くするビタミンとしてビタミンCが, 造血にかかわるビタミンとしてビタミンB群(B_{12})がある。鉄を多く含む植物性食品を摂取する際には, デザートにビタミンCの多いフルーツを1つ食べるというように, 食品をうまく組み合わせると良い。

鉄
ヘモグロビン
ミオグロビン
鉄欠乏性貧血

● 表3-5 ● 貧血予防のための食事の注意点など

	鉄を多く含む食品
① 一日3食（以上），を主食と主菜，副菜をバランスよくそろえた食事をする。 ② 鉄が十分に摂取できる食品を食べる。そのためには鉄を多く含む食品を覚える。 　特に動物性食品ばかりでなく海藻や緑黄色野菜などでも鉄は摂取できる。 ③ 鉄の吸収をよくするためにヘム鉄を含む動物性の食品を使った主菜を食べる。 　鉄（非ヘム鉄）の吸収を促進する食品成分：ビタミンC ④ サプリメントを使用する場合は鉄の吸収を阻害する食品成分に注意する。 　鉄の吸収を阻害する食品成分：お茶やコーヒーなどのポリフェノール， 　　　　　　　　　　　　　　食物繊維，カルシウムなど	〈植物性食品〉 切り干し大根，高野豆腐，きくらげ，こまつな，プルーンなど 〈動物性食品〉 あさり，レバー，卵黄かつおなど赤身の魚牛肉など

出典：メディカル・フィットネス協会監修『新スポーツ栄養学』嵯峨野書院，2016年，p.122より一部改変

6　食物繊維

　一般的な食物繊維は水に対する溶解性によって**水溶性食物繊維**と**不溶性食物繊維**に分けられる。食事摂取基準では，15〜17歳の場合1日あたり男子19g以上，女子17g以上の食物繊維摂取量が目標量になっている[3]。食物繊維は栄養素ではなく，過剰摂取により**栄養素密度**が下がるほか，消化器系器官内膜が荒れやすくなり，ダメージを与えかねない。ダイエット目的などでむやみやたらに食物繊維を摂取するのではなく，目標値に近い適切な量の食物繊維を摂取すべきである。適切な量の食物繊維には整腸作用や過剰な栄養素を吸着して排せつする作用がある。

水溶性食物繊維
不溶性食物繊維

栄養素密度

ジュニアを中心とするアスリートのための食事

1　アスリートの食事

　アスリートの食事は持久力系，瞬発力系，混合系など競技種目に応じて食事内容が変わる。後述するように時期によっても身体活動量が異なるので食事を変えなければならない。また，個人の身体組成や食習慣，嗜好，栄養・健康状態，環境なども考慮する必要がある。特に近年ではアレルギーや各種疾病などに対する配慮も必要になっている。ジュニアの場合は身体が成長発達段階であることも加味する必要がある。

2　トレーニング期の食事計画

　アスリートは健康を維持するための食事に加えて身体活動量を支える

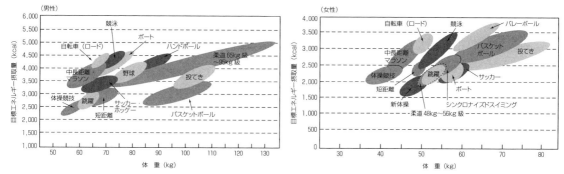

● 図3-3 ● 男性アスリートと女性アスリートの競技種目別目標エネルギー摂取量

注）日本人アスリートの基準体型と日本人（または欧米人）で報告された最新の摂取エネルギー基準値（kcal/kg）から1日あたりの目標量を算出した。あくまでも目標値であり，身長や活動強度，活動時間，熟練度，トレーニング目標などにより大きく変動するため，選手は体重や身体組成を継続的に管理し，各自に見合った目標量を設定する必要がある。

出典：日本体育協会スポーツ医・科学専門委員会監修，小林修平・樋口　満編著『アスリートのための栄養・食事ガイド［第3版］』第一出版，2014年，p.92より一部改変

ためのエネルギー量を上のせした食事をとる。中学生までは成長期でもあり，健全な発育のために**身体活動強度（Physical Activity Level；PAL）**が2.0を超えるようなエネルギー量を必要とする運動は適さない。PALは1日の総エネルギー消費量が基礎代謝量の何倍になるかを示した値で，身体活動強度Ⅱ（普通）でPALは1.75（15～17歳）である。高校生は激しい運動をする場合，身体活動強度をⅢ，PALは1.95（15～17歳）を基準とするのが良い。参考として図3-3にアスリートの競技種目別目標エネルギー摂取量を示した。トレーニング期の食事はまず糖質とタンパク質摂取量を決めるところから始める。

　自分の体重を加味して目標となるエネルギー摂取量が決まったら，PFCバランスから必要なエネルギー産生栄養素の摂取量が推定できる。表3-6，3-7にエネルギー摂取量別の目標栄養素量と食品構成を示した。糖質とタンパク質の量に合わせてエネルギー摂取量と食品群別構成を考える。食品群別の構成量を実際の食品に置き換える場合には，食品成分表などを活用するが，各種WEBサイトや参考書などに掲載されている献立例を参考にしても良い。目標エネルギー摂取量の約30％前後ずつを朝・昼・夕の3食で摂り，あとは必要に応じて**補食（間食）**から摂る。補食は栄養素を補う「食事」であり，「おやつ」ではない。摂取すべき栄養素・目的を念頭におき，なるべく基礎食品を選ぶように心がける。例えば，エネルギー補給源として主に糖質を摂取したい場合はおにぎりやパン類，餅・和菓子，バナナなどが適している。また，朝食前のトレー

身体活動強度（Physical Activity Level；PAL）

補食（間食）

● 表3-6 ● エネルギー別の栄養素の目標量例

栄養素	4,500 kcal	3,500 kcal	2,500 kcal	1,600 kcal	備考：算定基礎
たんぱく質（g）	150	130	95	80	エネルギー比率：13〜20%
脂質（g）	150	105	70	45	：25〜30%
炭水化物（g）	640	500	370	220	：55〜60%
カルシウム（mg）	1,000〜1,500	1,000〜1,200	900〜1,000	700〜900	目安量を適用
鉄（mg）	15〜20	10〜15	10〜15	10〜15	推奨量の15〜20%増
ビタミンA（μgRE）*	1000	900	900	700	推奨量の20%増
ビタミンB_1（mg）	2.7〜3.6	2.1〜2.8	1.5〜2.0	1.0〜1.3	0.6〜0.8 mg/1,000 kcal
ビタミンB_2（mg）	2.7〜3.6	2.1〜2.8	1.5〜2.0	1.0〜1.3	0.6〜0.8 mg/1,000 kcal
ビタミンC（mg）	100〜200	100〜200	100〜200	100〜200	
食物繊維（g）	36〜45	28〜35	20〜25	13〜16	8〜10 g/1,000 kcal

*RE：レチノール当量

出典：日本体育協会スポーツ医・科学専門委員会監修，小林修平・樋口 満編著『アスリートのための栄養・食事ガイド［第3版］』第一出版，2014年，p.19を改変

● 表3-7 ● エネルギー別食品構成（g）

エネルギー（kcal）	穀類	肉類	魚介類	卵類	豆類	乳類	いも類	野菜類 緑黄色	野菜類 その他	藻類	きのこ類	果実類	砂糖類	油脂類
4500	650	180	80	100	120	800	100	150	250	4	15	250	30	55
3500	520	130	70	70	100	600	100	150	250	4	15	200	25	40
2500	350	80	60	50	100	400	80	150	200	4	15	200	15	20
1600	240	50	40	50	60	250	70	150	200	4	15	150	8	12

出典：日本体育協会スポーツ医・科学専門委員会監修，小林修平・樋口 満編著『アスリートのための栄養・食事ガイド［第3版］』第一出版，2014年，p.108より一部抜粋

ニング時や長時間のトレーニング前後（トレーニング中を含む）で食べた物があればそれらも補食に含めて考える。章末図3-6，図3-7に食品摂取の目安と食品構成の食品振り分けとメニュー作成例を示した。

手作りを含めて栄養成分表示がない食事の栄養バランスは，料理単位で考えると考えやすい。図3-4のような**食事バランスガイド**を活用し，毎食「**主食**」（主に炭水化物の摂取源）「**主菜**」（主にタンパク質の摂取源）「**副菜**」（野菜，きのこ，海藻類）「**乳製品**」（牛乳，ヨーグルトなど）「**果物**」をすべてそろえるように心がける。それぞれの栄養素摂取に適した食物を表3-8に示した。

遠征時は環境が変わるので食事も変わる。食事の提供が受けられる場合は事前に献立を確認し，野菜不足にならないよう配慮する。地域によっては珍しい食品や大量の刺身などが提供されることもあるが，食べ慣れないものは下痢や食中毒を含めて体調を崩す原因になりやすい。ドレッシングや揚げ物といった脂質の多いメニューが多い場合は減らしてもらうようにする。ノンオイルドレッシングやポン酢を持参しても良い。

食事バランスガイド

主食
主菜
副菜
乳製品
果物

● 図 3-4 ● 食事バランスガイド
出典：厚生労働省・農林水産省

● 表 3-8 ● コンビニエンスストアで購入できる惣菜の例と食品の分類

主食系	ごはん，おにぎり，いなりずし，太巻きずし，うどん，そば，冷やし中華，スパゲッティ類，やきそば，パン類（菓子パンは除く），シリアル，レトルトごはん，もちなど
主菜系	卵（ゆで卵），卵焼き，からあげ，焼きとり，納豆，豆腐，焼き肉，焼き魚，シューマイ，餃子，ハム・ソーセージ，茶碗蒸し，はんぺん，かまぼこ，ちくわ，ツナやマグロの水煮など魚の缶詰
副菜系	野菜サラダ各種，ほうれん草のごま和え，ヒジキの煮付け，おでんのだいこんやこんにゃく，コンブなど，レトルトの野菜入りスープ，おからの煮付け，焼き芋，白和えなど，乾燥野菜
果物・乳製品系	カットフルーツ，果物まるごとゼリー，果物，100%果汁ジュース，牛乳，ヨーグルト，チーズ類など

出典：メディカル・フィットネス協会監修，『新スポーツ栄養学』嵯峨野書院，2016年，p.120 より一部改変

3　調整期，試合当日および試合後の食事

　食事の管理は大まかに**トレーニング期**と試合前の**調整期**，シーズンオフの**休養期**という3つに分けて考える。

　トレーニング期の食事計画は4節 ② に示した。調整期もトレーニング期より運動量が減少するので食事量に注意する。持久系種目・球技系種目では主食の量が減らないように気をつけ，選手の体調をみながらエネルギー全体の55～60％以上を炭水化物で摂取し（**高糖質食**），筋グリコーゲンを蓄積するように心がける。高糖質食を実行する場合に注意したい食品の例を表3-9に記載した。

トレーニング期
調整期
休養期

高糖質食

● 表 3-9 ● 高糖質食（減量）を実行する場合に注意したいメニュー・食品の例

① 揚げ物や油脂を多く含むもの
　メニュー：から揚げやフライ（カツ），天ぷら，春まきなど
　　　　　　ベーコン，クロワッサンやデニッシュパン，デミグラスソース
　　　　　　フライドポテト，ポテトチップス，バターケーキ，パイ
② ひき肉料理
　メニュー：ハンバーグ，しゅうまい，餃子，あらびきウインナーなど
③ とろみのある料理
　メニュー：カレーライス，クリーム（ビーフ）シチュー，グラタンなど
④ マヨネーズを使った料理，油漬け
　メニュー：ポテトサラダ，マヨネーズ焼き，オイルサーディン，ツナなど
　※マヨネーズは近年エネルギー量が抑えられた製品も多い
　※ツナも油漬けのものや水煮がある
⑤ カップめん，カップ焼きそば
　※ビッグサイズは特に注意。脂質が多くないものもある。
⑥ 脂質含有量が多い食品
　※肉の脂身，鶏皮，動物性生クリーム，魚のとろ，くるみやピーナッツ，アーモンドなどのナッツ類

● 表3-10 ● 試合当日の食事での注意点

①	筋肉と肝臓のグリコーゲンを十分に蓄える。試合前の食事では糖質は十分に，消化の良い食品から摂取する。
②	消化に時間のかかるものは避ける。脂質は消化に時間がかかるが，持久系のスポーツである自転車のロードレースやトライアスロン，ウルトラマラソンなど競技時間が長い種目では適度に必要である。
③	腸内にガスがたまるようなものは避ける。
④	十分に消化ができるように試合の3～4時間前に食事を終える。この時間であれば空腹感が抑えられ，血中のブドウ糖やインスリンなどホルモンの量が通常の値に落ち着く。早朝の試合やレース（ウルトラマラソンやトライアスロンでは午前5時～6時のスタートが多い）でも朝食はとる方が望ましい。そのためにも試合当日に向けて生活時間の調整を行うと良い。

出典：メディカル・フィットネス協会監修『新スポーツ栄養学』嵯峨野書院，2016年，p.115より引用

● 表3-11 ● 試合前後の補食に向くもの

運動の1時間前の補食	試合直前
バナナ，エネルギーゼリー，水ようかん，カステラ，だんご，ういろう，小さめのおにぎりなど（糖質中心）	あめ，タブレットなど口に含めるもの（少量に抑える）
運動後，食事までに時間がある時の補食	
サンドイッチ，ヨーグルト，肉まん，おにぎり，チーズ，100％果物（野菜）ジュースなど（糖質とタンパク質）	

出典：メディカル・フィットネス協会監修『新スポーツ栄養学』嵯峨野書院，2016年，p.121を一部改変

　表3-10に試合当日の食事における注意点をまとめた。試合直前は表にあるように試合3～4時間前に食事を済ませて十分に糖質を摂取し，試合15～30分くらいまでに200～250mL程度の水分を補給する。さらに糖質を摂取したい場合は，状況にもよるが1時間前におにぎりやドリンクなどを摂取する。

　試合後は脱水状態であるため，早めに水分補給を行い，筋グリコーゲンを回復させるために，次の試合など運動までの間隔が8時間以内の場合は試合後できるだけ早く糖質摂取量を満たすために表3-11のような補食を利用する。また，回復の時間が24時間程度の場合は，アスリートに合わせて糖質が多めの食品や食事を快適に摂取できるように考える。試合直後，0～4時間までの糖質摂取は体重1kgあたり1～1.2g程度を頻繁に分けて行う。それ以上の糖質はその後の食事で摂取する。

　休養期は運動量が減少しやすいので野菜類やきのこ類など（食物繊維の多い食品）を増やし，調理方法も工夫して摂取エネルギー量を減らす。

　小学生から中学生くらいまでは自分で食事を調えるのも難しいので，発育・発達を優先させた食事を摂れるように保護者の理解や配慮が必要である。高校生では種目特性に合わせた食事に対して興味関心を持ち，

自分なりに食事スタイルを確立して食生活の管理ができるように心がける。食事を管理するうえでは食事評価（栄養評価）があると分かりやすい。食事評価は1日で何をどれくらい食べたか記録し，その記録をもとにスポーツ栄養士など専門家のアドバイスを受ける。タブレット端末などで食事管理用アプリを利用することもできる。まずは食事を記録して専門家のアドバイスを受け，自分の「食べグセ」を把握する。

4 体重管理とその注意点

体重管理は体重別階級のある種目や容姿が重要な種目があることからアスリートにとって重要である。単に体重の増減だけではなく，身体組成を体脂肪組織（**体脂肪率**）と脂肪以外の組織（**除脂肪体重**：体重から体重×体脂肪率を差し引いたもの）に分けて，それらの増減に注目する。競技成績にこだわるあまり健康維持を忘れてはならない。体脂肪も多くの運動にとってマイナスになるが，体脂肪にはエネルギーを蓄えホルモンの働きを維持する作用などがある。エネルギー摂取量から運動によるエネルギー消費量を差し引いたものを**エナジーアベイラビリティ（エネルギー有用性）**と呼ぶ。このエナジーアベイラビリティが除脂肪量1 kgあたり30 kcalを下回ると月経異常などが起こりやすい[7]。正常な月経機能を維持するには22％以上の体脂肪率が必要である[7]といわれているが，実際には22％を下回るアスリートも多い。結果として**運動性無月経**になる場合があるので，月経がこない，もしくは月経痛がひどい場合には指導者やコーチ，ドクターなどに相談すべきである。

1 増 量

体格の大きさがパフォーマンスに良い影響をもたらす種目の場合，体重のみに着目して食事量を増やしたりサプリメントを多量摂取したりすると，体脂肪のみが増加して身体に負担がかかる場合がある。タンパク質摂取量だけを増やしてトレーニング量を増やしても，増やしたタンパク質は増えたトレーニング量に対する消費エネルギーになるだけで体重は増加しない。**増量**する時には身体組成に注目しながら除脂肪体重量（筋肉量）を増やすように取り組まなければならない。

目標とするエネルギー摂取量は，算出した推定エネルギー必要量に

第3章 スポーツ栄養学

● 表 3-12 ● 減量に対する考え方

自分の身体組成と体重の把握

体重（　　　）kg　脂肪組織量（　　　）kg
　　　　　　　　　除脂肪体重（　　　）kg

↓

目標体重の設定　いつまでに何キロにするのか？
目標体重（　　　）kg　目標脂肪組織量（　　　）kg
　　　　　　　　　　　目標除脂肪体重（　　　）kg

無理な減量はしない（1ヵ月に2kg程度を目標に）
　※　以前急激な減量でもすることができたから大丈夫だろう，
　　　などと考えない

〈食事のバランスなどに関する注意点〉
- 体重1kgあたり1.2〜2.0g程度のたんぱく質を確保する
- 炭水化物は減らしすぎないように毎食摂取する
- 海藻類，きのこ類，野菜類を積極的に取り入れる
- よく噛んでゆっくり食事をする
- 濃い味付けや刺激の強い味つけにしない
- 欠食せず，就寝2時間前に食べ終える

500〜1000 kcal を加算して決める．栄養素別にみると体重1 kg あたりで糖質が6〜10 g，タンパク質が1.2〜2 g になるように設定する．脂質は目標エネルギー量の30％程度までに抑える．実際には個人差も大きいが，正しくトレーニングを行えば1日あたり400〜500 kcal 増やすことで1週間あたり約450 g の増量が可能といわれている．

2　減　量

減量する場合，特に成長期のアスリートの場合は**BMI（体格指数）**や発育・発達段階を考慮しながら減量の必要性を確認し，指導者と保護者がお互いに理解することが大切である．また，体重のみに着目した減量は基礎代謝量の低下や無月経，骨量減少など，または**神経性無食欲症**などの健康問題につながることがある．除脂肪重量を落とさないようにするために体重1 kg あたり1.2〜2 g 程度のタンパク質摂取が推奨される[8]．表3-12に示したように，まず自分の身体組成と体重を把握し，目標とする身体組成と体重を設定して，1ヵ月で2 kg 程度の減量ペースを目標に食事計画をたてる．体脂肪は20％程度水分を含むので，体脂肪を1 kg 落とすのに約7200 kcal のエネルギーが必要である．試合の一週間程度前から食事制限や発汗などで体重を5 kg 以上落とすような過激な減量は心身に与えるダメージが大きいので控えるべきである．

減量
BMI（体格指数）

神経性無食欲症

5　水分補給と熱中症対策

ヒトの身体は約60％が水分である．水分補給の目安は成人の場合体重の約4％といわれており，60 kg の成人なら最低2.4 ℓ 程度の水分が必要になる．水分補給の妥当性は尿の色と量で推測でき，濃い色であったり量が少なかったりする場合には水分補給量を増やす方が良い．運動

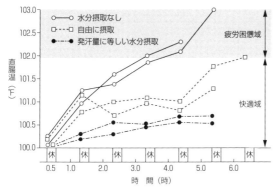

● 図 3-5 ● 暑熱環境下での歩行運動に及ぼす水分摂取の効果

資料：Pitts, C. C. et al., *Am J Physiol*, 142, 1944, pp. 253-259.
出典：青木純一郎「スポーツと水分補給」『最新医学』43, 1988 年, pp. 2190-2194

前後の体重から，1 時間あたりの発汗量の目安として（運動前の体重 − 運動後の体重 ＋ 飲水量）／運動時間（時間）で求めることもできる[9]。

　図 3-5 のように，水分摂取量が少ないと体内温度が上がりやすく，疲労しやすいので，体重をこまめにチェックし，運動前後で体重の変動が 2％程度に収まるように水分を摂取する。水分補給にはエネルギー補給のための糖質や発汗によって失われたミネラルを補える**スポーツ飲料（スポーツドリンク）**を摂取することも多い。スポーツ飲料には運動前の疲労予防や水分補給用として用いる**アイソトニック飲料**，運動時にも摂取可能な**ハイポトニック飲料**がある。水分を摂取しすぎると疲労しやすいので注意したい。摂取した水分が脱水を解消するのには 40〜60 分程度を要する。なお，発汗量の少ない軽い運動や 30 分以内程度の運動の場合は，スポーツ飲料ではなくお茶や水でも良い。

スポーツ飲料（スポーツドリンク）
アイソトニック飲料
ハイポトニック飲料

6　サプリメント

　スポーツ科学において「勝つ」ことを目的に開発された手段を総称して**エルゴジェニックエイド（エルゴジェニックス）**と呼ぶ。これまでに，コエンザイム Q やタンパク質など栄養学的なエルゴジェニックエイドが開発されたが，科学的根拠は必ずしも十分に解明されていない。**サプリメント**は栄養素を主成分とするタブレットや飲料などが多く，特定の競技力向上のために開発されたものもある。いずれにしても日本ではサプリメントを食品として扱う。サプリメントの使用に関しては，今のと

エルゴジェニックエイド（エルゴジェニックス）
サプリメント

●表 3-13● サプリメントを使う際の5条件

① 食事の中に含まれる栄養素の量を推定できるくらい栄養学の知識を持つ
② 身体における消化と吸収に関する知識を持つ
③ 体内での栄養素の利用について勉強する
④ 自分の身体の状態に敏感になる（食事記録や運動記録などをつける）
⑤ 食事やサプリメントについて相談できるアドバイザー（管理栄養士や栄養教諭など）を持つ

ころ特に講習などが義務付けられておらず，自己責任になっている。サプリメントに頼らずとも基礎食品で必要な栄養素等は摂取可能であり，並行輸入品など海外の製品や試供品は**ドーピング検査**で陽性判定になる場合もあるので，使用前に専門家に相談すべきである。表 3-13 にサプリメントを使う際の条件を挙げた。なお，食物アレルギーを持つ場合や体調不良で食欲がない場合，遠征などでどうしても食事が合わない場合，極端な偏食の場合など，短期間で栄養素を補いたい場合は専門家の指導のもとでサプリメントを用いる場合もある。

ドーピング検査
（p.6 参照）

> **コラム　野菜ジュースは野菜の代わり？**
>
> 　国民健康・栄養調査をする時はトマトジュースとトマトミックスジュース，ニンジンジュースが野菜類に分類されている。では，近年よくみかける市販の野菜ジュースは野菜類なのだろうか？
> 　食事バランスガイド（図 3-4, p.61 参照）の SV（サービング）を考える時は，「野菜ジュースを重量の 1/2 の SV で野菜類とする」と農林水産省 WEB サイトに記載されている。つまり，200 ml のジュースで 1 SV である。果物のジュースも同様に飲んだ量の 1/2 を果物として計算する。つまり，商品パッケージに何 g 分の野菜が用いられている・栄養素等含有量が多いと記載されていても，実際の野菜とは同等ではない。栄養素だけをみれば，十分摂取できる栄養素とそうでない栄養素がある。ジュースではほとんど咀嚼しないので，あごの筋肉が刺激されない。また，野菜の産地は国産とも限らず，1 つ 1 つの野菜の味や香りなどを覚える機会が失われる。商品の原材料表示には，微量でも原材料として用いたならば記載しなければならないから，配合割合までは分からないが，含有量の多い順で材料が記載されている。
> 　野菜ジュースの摂取で「野菜を摂った」と考えずに，本物の野菜を摂るように心がけよう。

	目安			
	2500kcal		3500kcal	
穀類	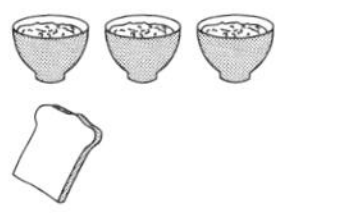	米 290g（ごはん670g）パン 60g	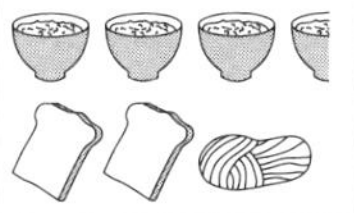	米 320g（ごはん740g）パン 120g その他 80g
肉類	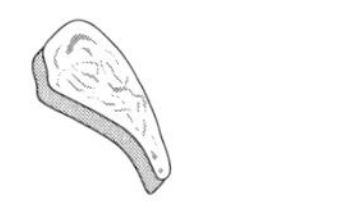	80g	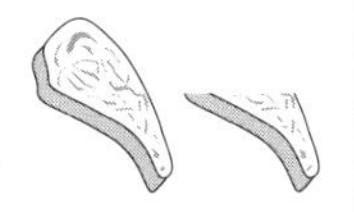	130g
魚介類	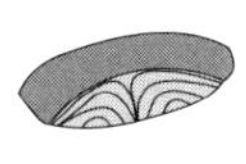	60g	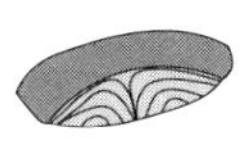	70g
乳・卵類		乳類 500g 卵 50g		乳類 600g 卵 70g
豆類	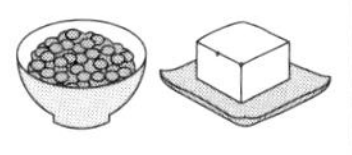	みそ,豆腐,納豆など 100g	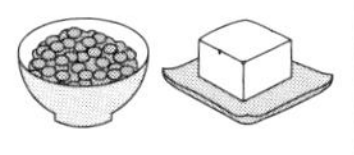	みそ,豆腐,納豆など 100g
緑黄色野菜	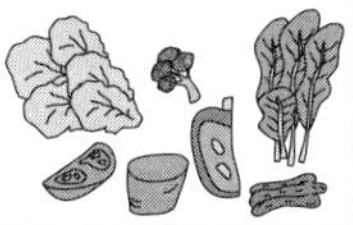	ほうれんそう,こまつな,かぼちゃ,にんじん,トマト,ブロッコリーなど150g	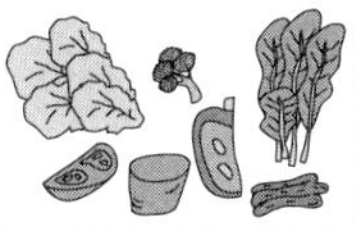	ほうれんそう,こまつな,かぼちゃ,にんじん,トマト,ブロッコリーなど150g
その他の野菜・いも類・藻類・きのこ類		その他の野菜 200g いも類 80g 藻類 4g きのこ類 15g		その他の野菜 250g いも類 100g 藻類 4g きのこ類 15g
果物類	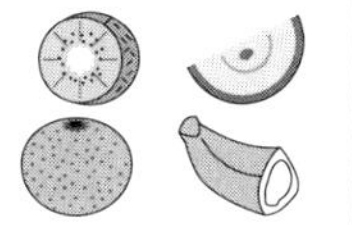	200g	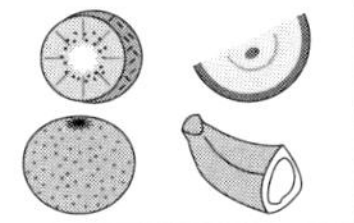	200g
砂糖類・油脂類	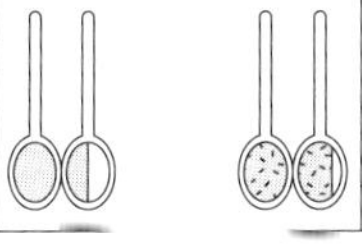	砂糖類 15g 油脂類 20g	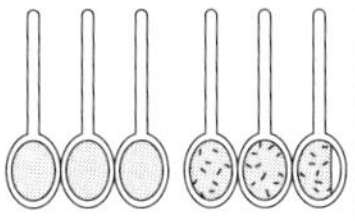	砂糖類 25g 油脂類 40g

● 図 3-6 ● 食品摂取の目安

出典：メディカル・フィットネス協会監修『新スポーツ栄養学』嵯峨野書院，2016年，p.100 より引用

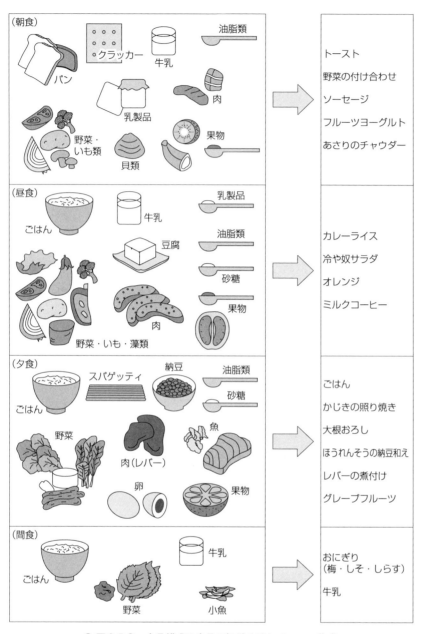

● 図 3-7 ● 食品構成の食品の振り分けとメニュー作成

出典：メディカル・フィットネス協会監修『新スポーツ栄養学』嵯峨野書院，2016 年，p.101 より引用

【参考文献】
1）Nutrition for Athletes, A practical guide to eating for health and performance, http://www.olympic.org/documents/reports/en/en_report_833.pdf
2）鈴木志保子「スポーツ栄養マネジメントの構築」『栄養学雑誌』70（5），pp. 275-282, 2012年
3）菱田明，佐々木敏監修『日本人の食事摂取基準2015年版』第一出版，2014年
4）厚生労働省「平成28年度国民健康・栄養調査」(http://www.mhlw.go.jp/bunya/kenkou/kenkou_eiyou_chousa.html)
5）Rodriguez, N. R., DiMarco, N. M., Langley, S., American College of Sports Medicine position stand. Nutrition and athletic performance. *Med Sci Sports Exerc*, 41: pp. 709-731, 2009.
6）Wein, D., Do Athletes Need Antioxidants?, *NSCA's Performance Training Journal*, 14: pp. 58-59, 2007.
7）日本スポーツ振興センター・国立スポーツ科学センター編『女性アスリートのためのコンディショニングブック』pp. 12-13, p29, 2013年
8）Seagle, H. M. *et al*, Position of the American Dietetic Association: weight management., *J Am Diet Assoc*., 109: pp. 330-346, 2009.
9）田口素子，樋口満編『スポーツ栄養学』市村出版，p. 136, 2014年

【練習問題】

(1) アスリートにとって理想的なP（タンパク質）：F（脂質）：C（糖質）比はどれくらいか。
(2) 減量時に気を付けるべきことについてまとめなさい。
(3) 試合前の食事で注意すべきことについてまとめなさい。
(4) 水分補給に際しては2つチェックすべき項目がある。1つは体重の変動であるが，もう1つは何か。

第4章
トレーニング
―君たちの夢を達成するための「トレーニング」を学ぼう―

トレーニングをやみくもに行えば，力強い肉体としなやかな心を作れると考えている選手もいるが，トレーニングを行うには，科学的な根拠，原理，原則がある。その法則に基づき運動することで，はじめて効果的な運動，体力作りが可能になる。見よう見まねでトレーニングを始めても，正しく行われなければ，効果もあがらず，それどころか故障を起こす原因になる可能性がある。

将来，優れたアスリートを目指すには，まず，心のトレーニングで，目的，目標を決め，自ら意欲的に取り組む姿勢を鍛え，トレーニングを開始することが近道である。つぎに技術力を高め，その技術を試合で発揮できるサポートが，基礎的な身体づくりや専門的な体力づくりである。その心と技と体力を結び付け，試合に臨めば最高の力を発揮することができ，感動をよべるチームに育つはずである。

 ## スポーツトレーニングの全体構造

浅見俊雄氏[1]は，トレーニングとは，肉体を鍛えるだけではなく，「技術」，「戦術」，「体力」，「意思」，「理論」を総合して成立していると定義づけている。筆者は，この浅見理論を参考にし，さらに分かりやすく，「体力トレーニング」，「技術トレーニング」，「戦術トレーニング」，「心のトレーニング」の4つのジャンルに分け，全体構造を説明する。

体力トレーニング
技術トレーニング
戦術トレーニング
心のトレーニング

・スポーツトレーニングを構成する4つの要素
① 体力トレーニング：一般的には，力強さやパワーとか，スタミナとかという言葉で表せる。スポーツトレーニングで重要な要素。
② 技術トレーニング：その種目特有の身のこなし方。スポーツ能力を向上させる上で最も重要なこと。
③ 戦術トレーニング：試合で相手に勝つためのかけひきのこと。

④ 心のトレーニング：試合で，持っている技術や戦術を発揮するのに重要な働きをするトレーニング。

体力トレーニング

1 体力とは何か

一般的には，体力は**行動体力**（運動するための体力）と**防衛体力**（健康に生活する体力）に分けられる。この項では，行動体力を説明する。

行動体力
防衛体力

1 行動体力
行動する体力とは，筋力，瞬発力，持久力，調整力などを中心に運動するための基礎となる身体的な能力を示している。

2 防衛体力
防衛体力とは，日頃から，規則正しい生活を行い，自分の体を健康に保ち，病気にならないようにすることを指している。具体的には，外部から与えられる環境，細菌，感染などの刺激に対して抵抗する力である。

3 体力を構成する各要素
① 筋力：身体運動の原動力は筋肉であり，筋が収縮して生まれる力が筋力である。
② 瞬発力：身体や手や足が瞬間的に大きな力をだす筋肉の力。
③ 持久力：一定の負荷に長時間，耐える能力を持久力という。
④ 調整力：身体運動時の姿勢を調整し，バランスをとり，運動を機敏に巧みに行い複雑な運動能力を生み出す力である。
⑤ 平衡性：体をつり合いのとれた姿勢に保つ能力のことである。
⑥ 敏捷性：動作の素早さに関する能力をいう。
⑦ 柔軟性：調整力が発揮される時に関係する能力である。

2 体力トレーニングの基本原則

技術を最高に発揮できる体力を養うためには，科学的な原則に基づき，

合理的なトレーニングにより体力づくりを進める必要がある。

① 全面性・多角性の原則（なにごともバランス）

　体力で一番大切なのは，どの種目にも共通の**基礎体力**作りである。　　　基礎体力

② 専門性の原則（自分の特長を磨こう）

　各種目により必要な体力は異なる。種目の特性をよく理解しトレーニング要素を選択する法則である。

③ 過負荷の原則（オーバーロード）

　体力が向上するとともに，運動の強さ難度や強度を高めること。

④ 漸進性の原則（一歩ずつ，ゆっくり高める）

　トレーニングの質と量は，少しずつ増加させるという原則である。

⑤ 意識性の原則（自ら意識して意欲的に取り組む）

　トレーニングの意義を理解し，**目標意識**を持ち取り組むこと。　　　目標意識

⑥ 反復性の原則（継続は力なり）

　トレーニング効果を高めるには一定期間以上，反復練習を繰り返すこと。

⑦ 個別性の原則（体力にも個人差がある）

　体力，体型など個人差がある。個人の特性に合わせた，内容，質，量を考慮する必要がある。

3　体力トレーニングの基礎知識

1　筋線維の特徴

　身体運動の原動力は骨格筋が収縮することからおこる。骨格筋は脳や脊髄の指令によって収縮する。その筋肉には急激に収縮して瞬間的に力を発揮できる太い**速筋（白筋）**があり，短距離競走の選手に多い筋肉である。また，筋線維は細めな**遅筋（赤筋）**があり，収縮力が小さく，スピードも遅い，マラソン選手に多い筋肉である（表1-1，p.9参照）。

速筋（白筋）

遅筋（赤筋）

2　トレーニングの効果

　一般には，たとえば，ウェイトトレーニングでは，速筋が増え，ジョギングのような有酸素運動により，速筋が遅筋に変化するといわれている。種目に合わせた筋線維を強化することが重要である。

3 進め方の手順

(1) 健康診断，体力テストの実施

学校の健康診断や体力テストをおこない，現状の健康状態，体力状態を把握する。

(2) トレーニングの計画立案

① 個々の達成目標を立案

② トレーニングの運動強度，時間，頻度を設定

(3) 実施

トレーニングを開始したら，定期的に負荷条件・健康状態・体力状態を把握し，その状況により計画を変更する。

4 目的別トレーニング方法

1 基礎体力トレーニング

スポーツトレーニングの効果は**基礎体力づくり**がキーワードとなる。

(1) **ウォーミングアップ**

体温を上昇させ，柔軟性を高め，関節のもつ可動域を高める。また，適応性を高め，けがの予防にもなる。さらに，心的な準備もできる。

(2) **クーリングダウン**

疲労回復の促進とけがの予防。さらに，その日の体調を整え，明日への活力がわいてくる。

(3) サーキットトレーニング

いくつかの運動種目を組み合わせ，それを休息なしで続けて実施する方法を**サーキットトレーニング**という。持続して負荷が加わり筋力・瞬発力・持久力などの体力が総合的に高められる（コラム参照）。

(4) **体幹トレーニング**

体幹にある筋肉（胸・腹・尻など）を鍛えることにより，体の軸がしっかりして安定できる。また基礎体力がつき，より大きな動き，スムーズな動きができるようになる。

① 体幹の機能とは，(i)内臓を所定の位置に収める（生命維持），(ii)身体を支える（姿勢維持），(iii)身体を動かす（体幹の運動）ことである。

② 体幹の中は構造と機能から3層に分類される。

> **コラム** サーキットトレーニングの組み方と時間

1分間にある種目を（6～12種目）の最大回数を測定。その回数の50%で3～5セットを測定。だいたい，1種目30秒内で終了予定。それを5種目と仮定し計算すると，1セット150秒，この数字にセット数をかけ，目標タイムを設定する。3セットでは，約7分30秒。5セットでは12分30秒で終了。各人がサーキットに要する時間が大幅に短縮すれば再度，運動回数を増やし種目の組替えをする。

《種目例》

　　(ア)　平行棒での腕屈伸　(イ)　V字腹筋　(ウ)　のぼり棒　(エ)　イスのぼりおり
　　(オ)　腕立て伏せ　(カ)　スクワット　(キ)　バービー　(ク)　腹筋　(ケ)　懸垂
　　(コ)　背筋

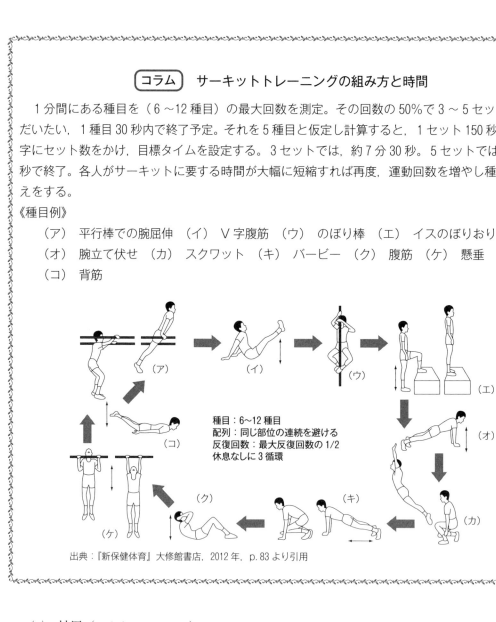

種目：6～12種目
配列：同じ部位の連続を避ける
反復回数：最大反復回数の1/2
休息なしに3循環

出典：『新保健体育』大修館書店，2012年，p.83より引用

(ア) 外層（アウターマッスル）

　体幹（脊柱）運動の主働筋で姿勢を維持。体幹の大きな強い動き行う。

(イ) 中間層（インナーマッスル）

　姿勢の安定を図る。胸腰筋膜を緊張させて体幹を支える。

(ウ) 深層

　背筋をつなぎとめる。また，背骨の位置や動きを感知し，姿勢や身体の動きを調整する。

2 専門的体力トレーニング

(1) 筋力トレーニング(ウェイトトレーニング) 〔筋力トレーニング〕

大きく分けて3つの方法があるが，ここでは主に使用される2つを説明する。

① アイソメトリックス(等尺性収縮)トレーニング

別名，**静的トレーニング**ともいわれ，関節運動がともなわず，筋肉の長さを変えないで筋力を発揮して力をつける方法である。壁，鉄棒，あるいは，自分の体や他人の体を利用し特殊な用具を使用しない方法。 〔静的トレーニング〕

② アイソトニック(等張性収縮)トレーニング

別名，**動的トレーニング**ともいい，バーベルやダンベルを用いて，負荷は，最大筋力か最大筋力の3分の2以上で行うものである。 〔動的トレーニング〕

一般的には，1週間に2回程度実施すれば効果があるとされている。

マシントレーニングの特徴は，簡易で安全に行うことができる。姿勢調整や負荷の調整が容易なので，初心者から経験者など用途が多様という利点がある。

(2) **全身持久力**を高めるトレーニング 〔全身持久力〕

持続トレーニングとインターバルトレーニングが用いられる。**持続的トレーニング**を行うと，肺や心臓の働きが強化され，毛細血管が発達して筋血液量が増加し，酸素を供給する能力が向上して，長時間のエネルギー供給が可能になる。 〔持続的トレーニング〕

① インターバルトレーニング——スタミナの養成 〔インターバルトレーニング〕

強度の運動と不完全休息を交互にくり返すトレーニング方法でスタミナの養成をする。運動強度は心拍数を毎分180拍程度に高め，不完全休息には，毎分120拍程度まで下げることを繰り返す。

② レペテーショントレーニング——スピードの養成 〔レペテーショントレーニング〕

最初は全力のランニングをおこない，その後，十分な休息をとり繰り返す方法でスピードの養成をする。その他，心拍数が毎分130～170程度の運動強度を保ちながら，30分～50分運動を持続する持続トレーニングがある。

さらに，野山を楽しくかけまわりながら，強度を上下して走る**クロスカントリー**などがある。 〔クロスカントリー〕

(3) **瞬発力**を高めるトレーニング　　　　　　　　　　　　　　瞬発力

　短距離走，跳躍競技などで良い記録をだせるほか，バスケットボール，サッカー競技などで，機敏な動きで相手をかわせることには，瞬発力が大きく関わっている。トレーニングとして，1回の動作に集中し，早く，瞬間的に移動する意識を持つと，筋肉の動きが最適化してくる。全力ジャンプ，ダッシュも瞬発力を高めるトレーニング方法である。

(4) **調整力**を高めるトレーニング　　　　　　　　　　　　　　調整力

　合図により素早くダッシュする運動は，動作開始のすばやさの能力を高めるので，バスケットボールやサッカー競技などに有効で，さらに，合図によりすばやく方向を変える運動は，その場の状況把握力や動作切換えのすばやさに役立つ。倒立や回転運動は，バランス能力という調整の能力を向上させる。

(5) **柔軟性**を高めるトレーニング　　　　　　　　　　　　　　柔軟性

　柔軟性を高めるには，**ストレッチ**で，筋肉や腱などを十分に伸ばす方　　ストレッチ
法が効果的である。反動を使って行う動的ストレッチとゆっくり伸ばし停止する静的ストレッチがある。けがの予防に役立つ。

技術トレーニング

　スポーツ技術には，自ら上達する喜びとともに，見ている人に感動を与える良さがある。スポーツ技術とは，それぞれのスポーツにある，独特の身のこなし方を指している。個人競技，チーム競技でも勝敗を争うための重要な要素が技術である

1　技術上達の過程

　技術習得には，その種目に必要な数々の技術段階を経て最終的には総合的に，動作が反射的に動くまで訓練することが優秀な選手になるひとつの条件である。この道筋を理解しておけば，スランプになっても冷静に自分を見つめ課題を克服し，さらに大きなプレイヤーに育つ可能性が高い。

　第1段階　コーチに正しい動作やフォームの指導を受ける。
　第2段階　一人で試行錯誤しながら練習するが，あまり上手にならな

第3段階　徐々にポイント（コツ）をつかみ，意図的にでき上達する。

第4段階　上達してくると，**プラトー**（図4-1）現象とよばれ，進歩の停滞がみられる。この時は，練習メニューを変更したり，コーチの助言をうけ，工夫を加え練習を続けると再び上達する。

第5段階　この域になると，**自動化**の段階になり，洗練されて意識しなくても動け，適切な動きの判断もできるようになる。

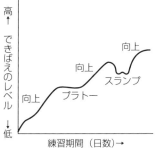

● 図4-1 ● 練習曲線
出典：『現代高等保健体育』大修館書店，2013年，p.141より引用

プラトー
自動化

2　練習における注意点——上手になるポイント

① コーチが伝える指導のポイントを，正しくゆっくり正確に行う。
② 練習ノートにポイントをメモし，何回も復習して脳に覚えさせる。
③ 自分の技能動作，フォームなどをビデオに撮りチェックし，分析する。ビデオ撮影が不可能なら，コーチか仲間にチェックや助言を受ける。
④ 自主練習で反射，自動化になるまで**反復練習**を行う。たとえば，バスケットボールのシュート練習では，1日200本と目標を決め継続して打ち，必ず，記録を付けシュートの正確さを確認する。

反復練習

コラム　バスケットボールのショットの上達過程

第1段階	第2段階	第3段階	第4段階	第5段階
コーチに正しい動作フォームの指導を受ける	試行錯誤 上手にならない	徐々にポイントをつかむ	プラトー現象 伸び悩む	フォームも安定 ナイスショット！
	シュートがまっすぐとばない			

⑤　上記のことを実戦で確かめ，さらに高いレベルの技術を獲得する。

⑥　高い技術を獲得するには，**集中力**，**判断力**，予測能力，とくに，**思考力**が鍵を握る。

集中力
判断力
思考力

4　戦術トレーニング

　サッカーなどの競技は，「多くの得点」を獲得して勝敗を決める。陸上，水泳競技などは「高度な記録」で決める。体操，シンクロナイズドスイミングなどは「出来栄え」を競いあう。

　勝つためには相手の体力，能力，技術などを考慮し，どんな技をいつ，どこで発揮すればよいかという「**かけひき**」が勝敗の分かれ目となる。これが戦術とよばれるものである。

かけひき

　これは，チームゲーム競技だけではなく，陸上競技や水泳競技でも瞬時に横で並んで走ったり泳いだりすることや，ハンマー投げや体操競技のように順番で競技を行うことも，同じように「かけひき」が必要とされる。

1　戦術を発揮するために事前に必要な3要素

①　**技術**：戦術を駆使するためには個人の技術が必要とされる。

②　**身体的能力と知力**：最後まで戦いぬく体力と知力が必要。

③　**チームの意識**：個人競技でも同じ部活に所属し集団で競技に専念している。個人的でも，高度な戦術の実践にはチーム意識が必要。

2　戦術を成功に導くためのヒント

①　当たり前のことだが，最高のコンディションに整え，当日にのぞむ。

②　戦術の策におぼれ，全体場面にこだわり，個人技を忘れては負ける。

③　相手のチーム，個人の技術を事前にビデオなどで撮影し，個人とチームの長所，短所を分析し対応策を練る。

④　戦術は実戦前に練習試合などで試し，修正を加え実戦で使用する。

⑤　陸上，水泳などの長距離では，相手によって，はじめからスパートするのか，終盤なのかなどのペース配分を事前に練っておく。

⑥　格技の団体戦では，とくに技量が同じようなチームでは，戦う順番が勝負に左右することが往々にしてある。体の大きさや実績など

にこだわらず，対戦相手との相性，精神力の強さなどを配慮し，順番を決定することも戦術である。

心のトレーニング

どうすれば心を鍛えられるかは，体力トレーニングのように科学的に証明はされていない。私の経験的なものを中心とし，学問的知識，とくに脳科学を参考にして説明をする。

私は，競技力を向上させる心のトレーニングには，心を鍛えるだけではなく人間性を豊かにし，**人間力**を高めることが不可欠だと確信している。　人間力

さらに，心のトレーニングとは，特別なとらえ方をせずに，日常生活，練習，授業などを通し，当然のことを当たり前にすることが，トップアスリートになる近道である。以下，心のトレーニングの事例について具体的に挙げる。

1　目的（夢）を持つ

目的とは「成功の最終のイメージ」である。まず，目的や夢を掲げる。たとえば，インターハイ出場，ブロック大会出場，県大会出場など明確な目的を立てることが，夢を叶える第一歩である。

2　目標を持つ

目的を掲げたら，その夢に向かい練習計画を立案する。3年間，1年間，半年，月，1週間。日々の計画を綿密に立案する。脳科学者の林成之氏は，「脳を正しくがんばらせるには，『具体的に何をするか』，『いつまでにするか』，『今日は何をするか』などの目標が明確である[2]」と説明している。

3　実行——はじめの一歩をふみだす

最初の目的を忘れないよう「**目的を書き**」机の上や天井に貼る。また，日記をつけ目的，目標を常に見つめ，脳にインプットする。

(1) 練習前

「全力でプレーをする」と心に誓い意識を高める。瞑想（めいそう）ができたらなおよい。

(2) 練習中
① 目標を思い浮かべ練習をおこなう。
② 練習中は，練習内容の意図を理解し，疑問があればコーチに質問をする。
③ 厳しいトレーニングの時，上達か落伍(らくご)の分かれ道と意識し，意図的に笑顔でがんばればメンタルは強化されていく。
④ 失敗した後，すぐがんばることは，心を鍛えるチャンスである。
⑤ 終了後は，『明日も頑張る』と心に誓う。
⑥ 練習後は，自宅で練習ノートをつけ，その日の反省をして明日に活かす。

(3) 進捗度のチェック
数字や記録で表せる競技は伸びを実感できるので，客観的に進捗度を評価し，課題を見つけ解決練習に向かうと，意欲的に取り組む態度が養成できる。

(4) 意欲がでない，やる気がない時
① 好きな音楽を聞いたりして気分転換を図り，リラックスをする。
② 本気でがんばっている人の話を聞く。コーチや友達に心を打ち明け相談をする。
③ 活躍した人の伝記を読む（イチロー，本田圭佑選手など）。

4 短所を直すより長所を伸ばして自信をつける。

例えば，コーチがバスケットボール部員の前で「A君は下手だけど，リバウンドボールを取るのは一番なので，試合に出す」と言った。それ以後，A君は，自分の長所を確信し，さらに磨きをかけると，不思議に不得意な技術も克服でき自信が生まれてきた。**自信**は，判断力と理解力を高め脳をレベルアップさせる。

自信

5 授業は，心を鍛える宝庫だ。

先生の話を「面白い」，「重要だ」，「好きになった」と感動して聞くと，**ドーパミン A10 神経群**が働いて「疲れない脳を作り[3]」，前向きに取り

ドーパミン A10 神経群
見たり，聞いたりしたことの記憶力を高める手伝いをし

組める感性が養われる、と脳科学者の林成之氏は教えてくれている。そして、英語は、世界で戦うには必須で、日本史は日本文化を外国で話をする時には必要で、数学は論理的ものを考えるときに活きる。すべての教科は、自分の心を鍛える宝庫である。

6 生活の中の優先順位を決める。

A君は、ギターを弾く、コンサートに行く、歌もうまくなりたい、と目標が多数あったが、部活でインターハイに行くことを最優先し、一心不乱に行動して目標を達成した。友だちと遊ばなかったことも後悔していない。このように、優先順位を決めて、自分の一番達成したいことを実行していくことが、やる気を育てる源である。

7 24時間をすべて心のトレーニング

就寝前に、日記にその日のよい出来事を3つ書き、いい夢を見れますようにと就寝する。起床時は爽やかな気持ちで目覚め、しばらくベッドで思考すると、アイデアが次々生まれる。家族とは大きな声で挨拶をすると気分も高揚する。授業では集中力を高める。練習前には、シューズの紐を結ぶ時、「全力で頑張る」と心に誓う。終了時には、「明日も頑張る」と心の中で叫ぶ。往復の電車では本を読み心に栄養を与える。

このように、練習場所だけではなく、24時間の生活すべてに心を鍛える場面がある。一流の選手は、あらゆる場面で心を鍛えているので、どんな場面でも持てる力を発揮できるのである。

寝る前に10分でも**瞑想**し、その日の自分の行動を見つめ、明日のいい行動を描くことが、英気を養い**プラス思考**の原点になる。

> ているのが、ドーパミンA10神経群である。
> ① 海馬回
> ② 扁桃核
> ③ 側坐核
> ④ 嗅結節
> ⑤ 尾状核
> ⑥ 視床下部
> ⑦ 前頭連合野

> 瞑想
>
> プラス思考

コラム　　チームの心を鍛える

林成之脳科学者が世界屈指の最強医療チームを作った時の興味深い話である。人材もない。予算もない。誰もが無理と言われる中で、救命救急センターで働く仲間に以下の4つの条件を提示して互いに試行錯誤しながら、目的を達成した実話である。

① 前向きで明るい性格でいること。
② チームメイトの悪口を言ったり，意地悪をしないこと。
③ 人とのコミュニケーションを考え，面倒見のいい人格を持つこと。
④ どんなことがあっても「疲れた」,「難しい」とか「できない」といった否定語をつかわないこと。

　この結果，困難を乗り越え，チーム内のごたごたが少なくなった。さらによき仲間とのチームワークが築かれ，ますます，よい関係が深まり集団が好きになり世界屈指の最強医療チームを作られた。君たちもぜひ，この実話を応用して素晴らしいチームを作ることを期待している。

【参考文献】
1）浅見俊雄『スポーツトレーニング』朝倉書店，2002年，p.16
2）林成之『脳に悪い7つの習慣』幻冬舎新書，2013年，p.78
3）同書，p.48

練習問題

(1) 君の現在の競技力を分析し，スポーツトレーニングを構成する4つの要素のうち，どのトレーニングを最優先するか考えてみよう。
(2) 君が考える「サーキットトレーニング」を組んでみよう。ただし，種目は5種目以上とする。
(3) 君が，「プラトー現象」におちいった時，どのような工夫をして乗り切るか考えてみよう。
(4) 自分に関係する種目で，「戦術を習得する具体的例」を，図を描きながら考えてみよう。
(5) 24時間をすべてにわたり，「君が描き実行できる」，心のトレーニングを書きだしてみよう。

第5章
ストレッチング

1 ストレッチングの理論

　現在，ストレッチングはスポーツ選手のみならず，一般人にとってもなじみの深い言葉となっており，運動前後のコンディショニングやリラクゼーション，けがの予防などを目的として，手軽に実践されている。ストレッチングという言葉が世に広まったのは，ボブ・アンダーソン（Bob Anderson）の著書『ストレッチング（*Stretching*）』が1975年に刊行されて以降であり，わが国にも翌年に翻訳本が刊行されている。一方で，「競走馬はストレッチングしないのに，なぜ人間はストレッチングするのか」といった論議に象徴されるように，理論的にも実践的にも研究の余地がある分野であるため，基礎的背景の理解がストレッチングの発展に重要な意味を持っている。

1　ストレッチングの原理

　ストレッチングの目的は，**柔軟性**を高めることにある。ストレッチングを日常的に行うと，柔軟性が高まり，日々のコンディションの把握や傷害予防につなげることができる。柔軟性は，**関節可動域（ROM：range of motion，関節を動かすことができる範囲）** として表され，ストレッチングによって関節可動域は増大する。ストレッチングを実施する上での重要な原理として，「**オーバーストレッチング**」があげられる。これは，筋肉などの軟部組織に少しずつ負荷をかけてストレッチングを行うことで，柔軟性が向上するという原理である。ただし，筋肉を伸ばしすぎて組織を傷つけたりするような強いストレッチングは，**伸張反射**を引き起こすなどの逆効果を及ぼすことがあるので，十分留意しなければならない。

柔軟性

関節可動域（ROM）

オーバーストレッチング

伸張反射

2　ストレッチングに必要な知識

ストレッチングを効果的に行うには，様々なストレッチング動作に関わる筋肉や関節の構造と機能について理解しておくことが必要である。また，生理学的な反射機能が関節可動域に影響を及ぼしていることも忘れてはならない。

1　伸張反射

筋肉を急激に伸ばすと，その筋が反射的に収縮することを**伸張反射**という。筋の中には**筋紡錘**というセンサー（受容器）が筋の長さを一定に保つように機能しているが，筋が過剰に伸ばされた際に筋紡錘が神経を活性化させることによって，伸張反射が発生する。これは，伸ばされた筋の損傷を防ぐための一種の防御反応ともいえる。

伸張反射
筋紡錘

2　相反性神経支配

相反性神経支配とは，ある筋肉（**主働筋**）が収縮しているとき，反対側の筋肉（**拮抗筋**）は弛緩するように，神経が調整する働きのことをいう（図5-1）。たとえば，肘を曲げる動作では，上腕二頭筋（主働筋）が収縮する一方，上腕三頭筋（拮抗筋）はリラックスしている。この組み合わせがなければ，筋は互いに引っ張り合うため，肘の関節運動はできない。

相反性神経支配
主働筋
拮抗筋

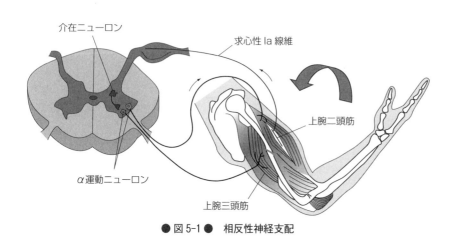

● 図5-1 ●　相反性神経支配

3　ストレッチングの種類

ストレッチングには様々な種類があるが，ストレッチングを行う対象や状態，強度，持続時間，頻度，使用する器具，方法，タイプ（**セルフストレッチング**：自分で行うストレッチング，**ペアストレッチング**：二人一組で行うストレッチング）などによってその効果は異なる。よって，ストレッチングの実施においては，各ストレッチングの特徴について正しく理解した上で，様々な状況に応じて適切に選択する必要がある。本書では，伝統的な分類に従って，2つのストレッチングを紹介する。

> セルフストレッチング
> ペアストレッチング

1　静的ストレッチング（スタティックストレッチング）

静的ストレッチングは**スタティックストレッチング**ともいわれ，反動をつけずに一定時間ある姿勢を保持することで，筋肉をゆっくり伸ばすストレッチングである。静的ストレッチングは関節可動域を高めるために有効であることが知られており，他のストレッチングと比べても，エネルギー消費が少ない。また実施中の筋肉の痛みも少なく，安全で簡易に実施できるため，運動後の筋疲労の除去やリラクゼーションに効果的である。

> 静的ストレッチング
> スタティックストレッチング

2　動的ストレッチング（ダイナミックストレッチング）

動的ストレッチングは**ダイナミックストレッチング**ともいわれ，前述の「相反性神経支配」の特徴を利用し，様々な身体の動きを効果的に取り入れながら，動的柔軟性を獲得していくストレッチングである。動的ストレッチングはチームとしての連帯感や面白さも感じられることから，ウォーミングアップなどでの実践が効果的である。一方で，動作中の急激な筋の伸張に伴う受傷リスクの増大や伸張反射の誘発などが懸念されているため，実施にあたっては，静的ストレッチングとの併用を含め，注意深くメニューを作成することが重要である。

> 動的ストレッチング
> ダイナミックストレッチング

4　ストレッチング実施上の注意点

ストレッチングを行う際は，ただやみくもに筋肉を伸ばすだけでは十分な効果を得ることはできない。以下に，基本的なストレッチングの実

施上の注意点（主に静的ストレッチング）について挙げる。

① 呼吸を止めない

呼吸を止めてしまうと心身ともに緊張し，筋肉が十分にリラックスできないため，あくまで自然に呼吸を続けながら実施する。深呼吸をしながらのストレッチングも筋肉に負荷をかけるため注意する。

② 無理せず，じっくり伸ばす

ストレッチングは強い痛みが出ない範囲で実施すること。時間は筋肉の大きさによって異なるが，15～30秒を目安に実施する。

③ 筋肉を意識する

ストレッチングを行う際に，どの筋肉を伸ばしたいのかを理解するとともに，実際どの部位が伸びているかを身体で感じること。

コラム　安全で効果的なストレッチングとは

練習や試合前のウォーミングアップはどのようなメニューで行うと効果的か，悩むところである。競技種目によってストレッチングのターゲットとなる筋肉は異なるが，これまでの研究から，以下のようなストレッチのメニューが推奨されている。ストレッチングの理論的背景を理解した上で，自分に最もふさわしいストレッチングメニューを作成することが望まれる。

［メニュー例］
① 静的ストレッチング
② 歩きながら狭い可動範囲での動的ストレッチング（ゆっくり）
③ 全可動域での動的ストレッチング（ゆっくり）
④ 小走りで狭い可動範囲での動的ストレッチング（素早く）
⑤ 全可動域での動的ストレッチング（素早く）
※ 走るスピード動作の速さと可動範囲は選手自身で設定すること！

部位別ストレッチングの実際

1　上肢および体幹

上肢の運動を理解する上で最も重要な機能を担っているのが，肩関節

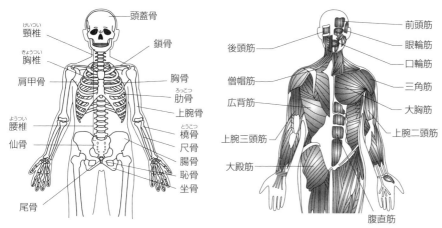

● 図5-2 ● 上肢および体幹の解剖図

複合体である。肩関節複合体は鎖骨・肩甲骨・上腕骨・胸骨・肋骨が関連する関節によって構成されている。主な関節としては，肩甲上腕関節，胸鎖関節，肩鎖関節がある。上肢の関節運動には僧帽筋や大胸筋，広背筋，三角筋，上腕二頭筋，上腕三頭筋など，多くの筋が関与しあっているため，効果的なストレッチングの実施においては，各関節運動に関連する筋肉の理解が不可欠である。

1 頸部のストレッチング

● セルフストレッチング1

[対象の筋肉] 僧帽筋（上部） ［肢位］立位　　　　　　　　　　　僧帽筋（上部）

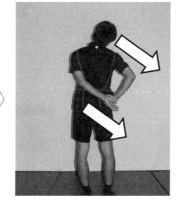

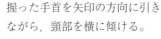

伸ばしたい方の腕を降ろし，反対側の手で手首を軽く握る。

握った手首を矢印の方向に引きながら，頸部を横に傾ける。

ワンポイント

●伸ばしたい場所によって，頸部を傾ける方向を少し変化させる。

2 肩部・肩甲帯のストレッチング

● セルフストレッチング1

［対象の筋肉］**僧帽筋（上部・中部）**　［肢位］立位／座位　　　　　　　僧帽筋（上部・中部）

 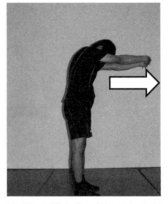

身体の前で水平に腕を伸ばし，手を内側に組む。

伸ばした腕を前へ押し出しながら，背中を丸める。

ワンポイント
- 肩甲骨が左右に開くようにイメージすると効果的に伸びる。
- 自分のへそを覗き込むようにすると背中が丸くなる。

● セルフストレッチング2

［対象の筋肉］**外旋筋群**（がいせんきんぐん）　［肢位］立位／座位　　　　　　　外旋筋群

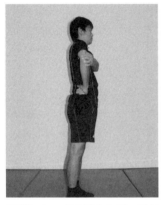 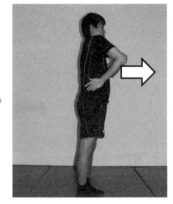

伸ばしたい方の肘を曲げ，腰に手をあてる。反対側の手で肘を保持する。

肘にあてた手をゆっくりと前に押し出す。

ワンポイント
- 上腕骨が肩甲骨から引きはがされていくようイメージする。

● 肩関節のダイナミックストレッチング

　肩関節には，棘上筋，棘下筋，小円筋，肩甲下筋という腱板筋があり，投動作で重要な役割を果たす。肩関節のストレッチングを実施する際は，ダイナミックストレッチなどを取り入れて，肩がよりスムーズに動くよう工夫する。

棘上筋
棘下筋
小円筋
肩甲下筋

 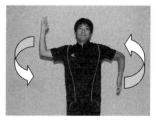

肘を90度に曲げて，リズミカルに手を交互に上げ下げする。

ワンポイント

◉少しずつ回旋の可動域が大きくなるよう調整すること。

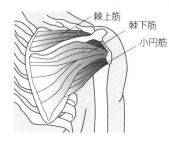 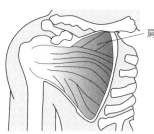

● ペアストレッチング1

［対象の筋肉］**大円筋・肩甲下筋**　［肢位］背臥位

大円筋
肩甲下筋

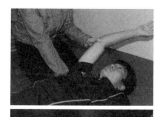 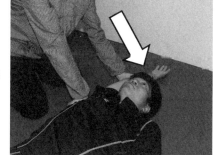

伸ばしたい側の肘を曲げて挙げさせ，パートナーは肩甲骨を固定する。

肩甲骨が浮き上がらないように抑えながら，肘を押し下げる。

ワンポイント

◉肘を押し下げる方向によって，伸ばされる筋肉が変化する。

第5章　ストレッチング

③ 上腕部のストレッチング

● セルフストレッチング1

［対象の筋肉］上腕三頭筋（じょうわんさんとうきん）　［肢位］立位／座位　　　　　　　　上腕三頭筋

 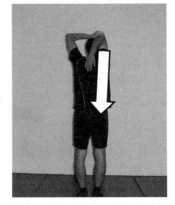

伸ばしたい方の肘を曲げて腕を挙げる。反対側の手で肘を持ち，胸を張る。

肘をつかんだまま，少しずつ後方へ押し下げる。

ワンポイント

◉後ろに回した手が，肩甲骨の真ん中に来るように曲げる。

● セルフストレッチング2

［対象の筋肉］上腕二頭筋（じょうわんにとうきん）　［肢位］四つ這い　　　　　　　　　　上腕二頭筋

 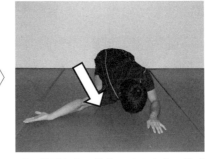

四つ這いの姿勢から，親指が下を向くように腕を回しながら伸ばす。

肩の前面を床に抑えつけるように伸ばす。

ワンポイント

◉伸ばしている腕とは反対方向に頭を向けるとさらに伸びる。

4 胸部のストレッチング

●セルフストレッチング1

[対象の筋肉] 大胸筋　[肢位] 四つ這い　　　　　　　　　　　大胸筋

 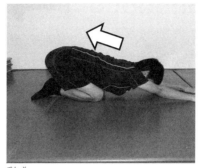

四つ這いの姿勢で両腕を前方へ伸ばす。　　臀部を後方へ引きながら，胸を床につけるように押し下げる。

ワンポイント

◉手をつく位置（斜めや側方）によって，伸ばされる筋肉が変化する。

5 前腕部のストレッチング

●セルフストレッチング1

[対象の筋肉] 前腕屈筋群

[肢位] 立位／座位

●セルフストレッチング2

[対象の筋肉] 前腕伸筋群　　前腕屈筋群
　　　　　　　　　　　　　　前腕伸筋群

[肢位] 立位／座位

 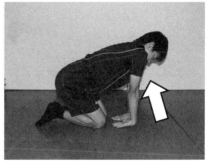

手のひらを下にして，肘を伸ばす。臀部を後ろに引き，前腕を伸ばす。

手の甲を下にして，肘を伸ばす。手首・肘・肩が床と垂直になるようにし，前腕を伸ばす。

ワンポイント

◉肩関節を回旋させると，伸ばされる筋肉が変化する。

6 腰背部のストレッチング

● セルフストレッチング1

[対象の筋肉] 腰背筋群（ようはいきんぐん）

[肢位] 背臥位

● セルフストレッチング2

[対象の筋肉] 腰背筋群　　　腰背筋群

[肢位] 背臥位

仰向けになり，片脚をクロスさせる。クロスした膝を手で押さえ，反対側に腰背部を回す。

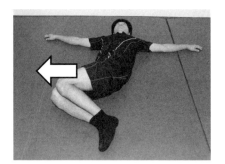

仰向けになり，腕を横に開いた状態で，両膝を立て，左右に膝を倒す。

ワンポイント

● 腰を回しているときに，肩が床から浮かないようにする。

2　下　肢

　下肢の主要な関節は股関節・膝関節・足関節であり，これらが協調して運動を行うことで，スムーズな歩行や走行が可能になる。下肢の関節可動域の獲得は運動パフォーマンスに直結するため，関連する股関節周囲筋群をはじめ，大腿四頭筋，ハムストリングス，腓腹筋，ヒラメ筋，前脛骨筋のストレッチングは運動前後に丁寧に実施する必要がある。

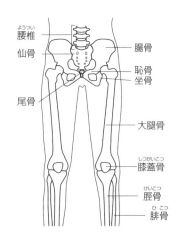
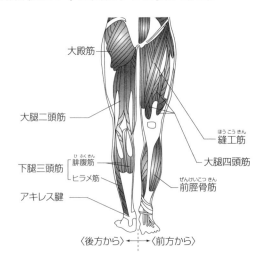

● 図5-3 ● 下肢の解剖図

1 臀部・股関節のストレッチング

●セルフストレッチング1

[対象の筋肉] 大臀筋(だいでんきん)

[肢位] 座位

片膝を立てて坐り，膝を両手で抱える。背中を伸ばして膝を胸へ引き寄せる。

ワンポイント

◉腰が丸くなると，大臀筋が伸びにくい。

●セルフストレッチング2

[対象の筋肉] 内転筋群(ないてんきんぐん)

[肢位] 座位

開脚姿勢で座り，胸を張った状態で腕を前に伸ばす。

ワンポイント

◉座位が取りにくい場合，両膝を曲げて安定させる。

大臀筋
内転筋群

●セルフストレッチング3

[対象の筋肉] 腸腰筋(ちょうようきん)

[肢位] 座位

片膝を立てて立ち，姿勢を伸ばす。腰に手をあてて，重心を落としながら反対の股関節を伸ばす。

ワンポイント

◉上半身が前へ傾かないように注意する。

●ペアストレッチング1

[対象の筋肉] 大腿筋膜張筋(だいたいきんまくちょうきん)

[肢位] 側臥位

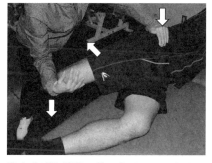

膝を曲げた状態で横になる。パートナーは骨盤が回らないようにしっかりと固定し，ストレッチ側の膝を後方へ引く。

ワンポイント

◉ストレッチ側の膝を伸ばすとさらに有効なので，重力をうまく利用すること。

腸腰筋
大腿筋膜張筋

● 股関節のダイナミックストレッチング

　股関節の動きは，走動作や跳動作などのパフォーマンスに直結しています。試合や練習前にはスタティックストレッチングだけでなくダイナミックストレッチングも積極的に取り入れて，十分な股関節の可動範囲を獲得しましょう。

膝を曲げて，股関節を大きく内回し，外回しをする（左右交互）。

膝を伸ばして，つま先を上にあげ，前へ出した手に触れる（左右交互）。

膝を伸ばして，つま先を上にあげ，前へ出した手に触れる（左右交互）。

２　大腿部のストレッチング

● セルフストレッチング１

［対象の筋肉］**大腿四頭筋**（だいたいしとうきん）　［肢位］横臥位　　　　　　　　　　　　　　　　大腿四頭筋

伸ばしたい方の膝を曲げて踵を臀部に近づけ，足を摑む。

摑んだ足を臀部に引き付けながら，股関節を後ろに引く。

ワンポイント

◉下の足の膝を曲げると，体が安定する。

● セルフストレッチング2

［対象の筋肉］ハムストリングス

［肢位］座位

伸ばしたい方の膝を前に伸ばし，反対側の膝を曲げて横に倒す。

ワンポイント

◉つま先に届かない場合は無理をせず，軽く膝を曲げる。

● ペアストレッチング1

［対象の筋肉］ハムストリングス

［肢位］背臥位

ハムストリングス

膝を伸ばした状態から，パートナーが片方の踵を持ち，上へ持ち上げる

ワンポイント

◉挙げた足のつま先の位置によって伸ばされる筋肉が変化する。

③　下腿部のストレッチング

● セルフストレッチング1

［対象の筋肉］腓腹筋
　　　　　　　（ひふくきん）

［肢位］立位

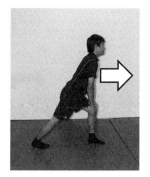

手を腰にあて，片方の足を後方へ引く。引いた足の踵が浮かないように，前方に重心をかける。

ワンポイント

◉後方へ引いた側の膝関節が曲がらないようにする。

● セルフストレッチング2

［対象の筋肉］ヒラメ筋

［肢位］座位

腓腹筋
ヒラメ筋

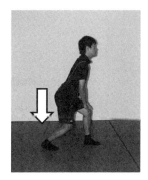

腓腹筋を伸ばす姿勢から，後ろに引いた方の膝を曲げ，重心を下に落とす。

ワンポイント

◉腓腹筋は2つの関節にまたがる二関節筋，ヒラメ筋は1つの関節運動に関与する単関節筋である。

【参考文献】
財団法人日本体育協会『公認アスレティックトレーナー専門科目テキスト　第6巻　予防とコンディショニング』2007年，pp.178-213

練習問題

(1) 筋肉などの軟部組織に少しずつ負荷をかけながら伸ばすことで，関節可動域が増大する原理のことを何というか。

(2) 筋肉を急激に伸ばすと，その筋が反射的に収縮する生理的な反応のことを何というか。

(3) ある筋肉（主働筋）が収縮しているとき，反対側の筋肉（拮抗筋）は弛緩するように，神経が調整する働きのことを何というか。

(4) 反動をつけずに一定時間ある姿勢を保持することで，筋肉をゆっくり伸ばすストレッチングを何というか。

(5) 「相反性神経支配」の特徴を利用し，様々な身体の動きを効果的に取り入れながら，動的柔軟性を獲得していくストレッチングを何というか。

第6章 テーピング

1 テーピングの目的

　スポーツの世界で行われるテーピングは，目的に応じて巻き方が変わる。全てのテーピングを的確に巻くには医学的な専門知識が必要である。何のためにテーピングを用い，どのような動きを制限させたいのかを理解して巻くことが重要である。ただし，受傷後「テーピングを巻いたらすぐにスポーツができる」わけではないので，必ず医療機関で受診して医師の指示をもらう。

1 外傷予防のテーピング

　予想される外傷を未然に防ぐために行う。
　コンタクトスポーツでは，**スポーツ外傷**が多く発生しやすく，アメリカンフットボールやラグビーなどでは足関節に最もスポーツ外傷が多く，バレーボールやバスケットボールでは突き指が多い。スポーツによって外傷の好発部位が異なるため，競技特性を十分理解する必要がある。

> スポーツ外傷

2 救急処置のテーピング

　スポーツ活動中の外傷発生時に応急手当の一手段として用いる。
　捻挫や肉離れ，脱臼，骨折などの患部を固定する。RICE処置にもテーピングは用いられる。また受傷直後でも，軽度ですぐにスポーツが再開できそうな時は，受傷部位をテーピングで保護・固定・制限し，スポーツに参加させる。

> RICE処置
> (p.48参照)

3 再発防止のテーピング

　受傷歴のある人に再発を予防するために行う。
　一度受傷した部位は治療やリハビリテーションがうまくいっても，関節を支持する靱帯は受傷前に比べ緩くなっており，他の部位に比べて再

び受傷する可能性が高い。選手は受傷後1日でも早く競技復帰するため早期よりリハビリを開始するが，再受傷を防止するため，受傷時と同じ肢位にならないように患部を保護する目的でもテーピングを用いる。

4 筋肉・腱補助のテーピング

筋肉の起始部から停止部に沿って伸縮テープを貼る事で，筋力を強化させパフォーマンスを上げる事ができる。また皮膚感覚を過敏にさせたり鈍らせたりする事ができる。この目的は関節の固定ではなく，筋肉の補助や皮膚感覚の調整として用いる。

2 テーピングの効果

1 靱帯や腱の補強

受傷後，弱くなっている靱帯や腱を靱帯の外部から補強する。

2 関節可動域の制限

痛みの発生する可動範囲まで動かないように制限する。

3 受傷部位の圧迫

受傷した関節や軟部組織を圧迫することで，腫れや内出血の拡大を防ぐ。

4 痛みの軽減

動きを制限したり部分的に圧迫することにより，痛みや違和感を軽減できることがある。

5 精神的な支え

テーピングにより負傷の確率は低くなり，また再発予防としても安心してスポーツができる。

6 機能の向上

関節や皮膚にテープを貼付する事で，皮膚感覚の刺激となり関節可動

域の広がりや力を入りやすくなるなど，パフォーマンスの向上につながる。

3 テーピングを実施する際の注意事項

1 テーピングを巻く前

1 正しい診断

症状やその程度を正確に把握することが重要である。受傷後は医師の診断を受けるように指示をする。正確な診断により適切なテーピングが行える。

2 競技特性

個人競技，団体競技，コンタクト競技，または演技競技なのかを確認。

3 患部の状態把握

① 炎症の確認……（発赤・発熱・腫脹・疼痛・機能障害など）
② 体質の確認……（アレルギー・かぶれ・水泡など）
③ 表皮の確認……（清潔・発汗・体毛・湿潤肌・乾燥肌など）

4 テーピングの手法

テーピングにはさまざまな方法があるが，障害のメカニズムをよく理解し，必要な動きを制限する事を心がける。

① 急性期で腫れが激しい部位……腫れの逃げ場を作り，循環障害を軽減する。
② 神経が皮膚に近い部位……その部位を避けるか，パットを用いて神経の圧迫による麻痺を避ける。
③ 強弱の調整……血管の圧迫による循環障害や筋腱の圧迫による腱炎，腱鞘炎予防のため，一部例外を除き，関節角度を一定にし，筋肉，腱を緊張させた状態で巻く。

5 適応時間

テーピングの適応時間は3〜4時間とすることが望ましい。これに対して救急処置に用いられる安静を目的としたテーピングは，テープの接着面の品質や皮膚の状態にもよるが，一般には連続して3日程行われる場合がある。

2　テーピングを行う上でのポイント

選手とトレーナーとの信頼が大切であり，どのような目的でテーピングをするか，よく話し合うように心がける。

① ベッドや椅子，上肢台など準備し，巻きやすい体位を取る。
② 体毛により粘着が薄れる場合は剃毛(ていもう)する。
③ テーピングする部分の汗や汚れを石鹸やアルコールで洗浄する。
④ ズレを防止する為に粘着スプレーを吹きかける
⑤ 皮膚の保護が必要な場合は，アンダーラップを巻いた上からテーピングする。
⑥ 足関節の前後，膝窩部など皮膚障がいの生じやすい部分にワセリンを塗ったパットや，ガーゼなどを当てる。
⑦ 基本的に関節角度は一定に保った良肢位で行う。
⑧ テーピングする部位の大きさや目的に応じたテープを選択する。
⑨ しわ，たるみ，隙間を作らないこと。
⑩ 各サポートテープの張力は一定にする事。
⑪ テーピング終了後，動きが制限されているのか，部分的に圧迫が加わっていないか確認する。
⑫ 循環障害やテープが皮膚に食い込んで痛みや違和感がないか確認する。
⑬ テープを剥がす際はゆっくり慎重に剥がす。

3　テーピングの種類と必要な備品

① 非伸縮性テープ（コットンテープ，ホワイトテープ）
　関節の固定，可動域の制限，部位の圧迫に用いる。
② 伸縮性テープ（エラスティックテープ・キネシオロジーテープ）

肩・膝・肘などの可動域の広い関節に用いる。

③ アンダーラップ

皮膚の保護。

④ スプレー類（粘着スプレー，リムーバースプレー）

テープのずれ防止，粘着の除去に用いる。

⑤ はさみ，カッター

使用後のテープの除去や伸縮性テープの切断

4 テーピングの扱い方

① 持ち方

中心に中指を入れ全体を軽く持つ。テープ全体をわし掴みにしたり，握り潰さないように扱う。

② 切り方

両手の親指と人差し指でつまみ，一気に引き裂く。テープを選手の体に押し付けて切らない。

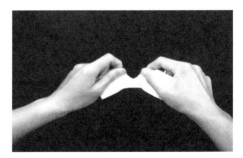

4 足関節内反捻挫のテーピング

　足関節の外傷はスポーツ外傷の中でも非常に高い確率で起こり程度もさまざまである。その中でも最も多く目にするのが内返しの強制によって起こる**内反捻挫**(ないはんねんざ)である。これは内果が外果に比べて短いためと考えられている。内反捻挫によって最も損傷を受けやすいのは前距腓靱帯(ぜんきょひじんたい)であるが，テーピング実施前の評価には病歴の把握が決め手となる。

内反捻挫

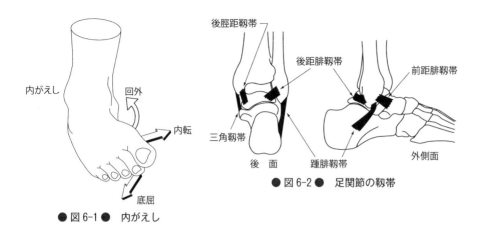

● 図6-1 ● 内がえし

● 図6-2 ● 足関節の靱帯

1 病歴の把握

スポーツ外傷後の二次評価「HOPS」　　　　　　　　　　　　　　　　HOPS

① H（History）：病歴の把握
② O（Observation）：観察
③ P（Palpation）：触診
④ S（Special test）：各種テスト法

2 足首の内反を制限するための基本的な巻き方

1 アンダーラップ

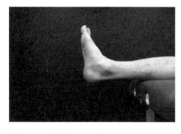

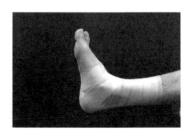

① 足首を90度にさせる。
② 足底が正面になるように立つ。

③ アンダーラップの外側が皮膚にあたるように，少し引っ張って巻く。

④ 隙間やシワ，丸まりに注意する。
⑤ 腓腹筋の付け根から土踏まずの真ん中まで巻く。

2　アンカーテープ〔非伸縮性テープ 38 mm〕

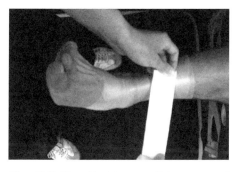
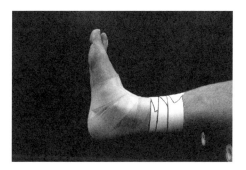

① 腓腹筋の付け根に一番上のテープがくるようにアンカーを半分ずつずらして3本巻く。
② 一番上のアンカーの粘着面の半分は皮膚にかける。

③ 足の形に合わせて巻く。

3　スターアップ（ステアラップ）〔非伸縮性テープ 38 mm〕

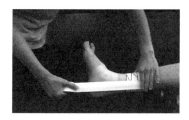

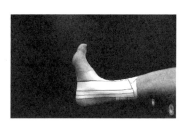

① 内側のアンカーから踵を通って外側のアンカーへ貼る。
② 外側を強く引き上げる。

③ 半分から2/3ずつずらして3本貼る。

④ 3本目が第5中足骨にかからないようにする。

4　アンカー

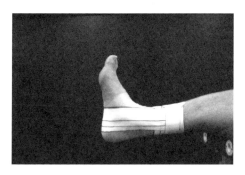

スターアップがずれないようにアンカーを1本巻く。

第6章　テーピング

5 フィギュアエイト〔非伸縮性テープ 38 mm または伸縮性テープ 50 mm〕

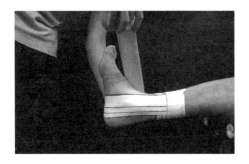

① 外果（そとくるぶし）から始める。

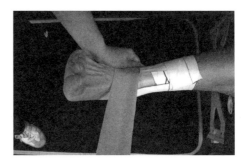

② 土踏まずの真ん中を通り，足底を真横に横切る。

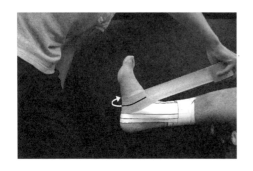

③ 外側を引き上げる。

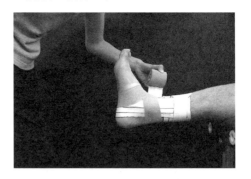

④ 足首を1周してフィギュアエイトが完成。

6 ヒールロック　その1〔非伸縮性テープ 38 mm または伸縮性テープ 50 mm〕

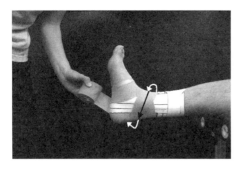

① 内果を通って踵の外側面を斜め45度で通る（アキレス腱の真上を通らないように）。

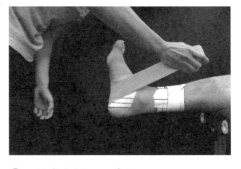

② 足底を通って内側から上がる。

7　ヒールロック　その2〔非伸縮性テープ38 mmまたは伸縮性テープ50 mm〕

① 外側と同様に内側にも行う。

② 踵の内側面を斜め45度で通る。

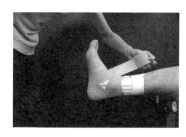
③ 足底を通って外側から上がる。

④ 足首を1周してヒールロック完成。

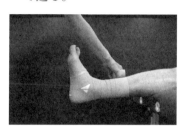
⑤ 続けてアンカーまで巻き上げる。

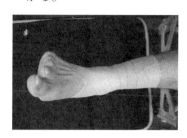
完　成

練習問題

(1) スポーツで怪我をしてしまったときに，病歴の把握として，二次的評価を行わなければならない「HOPS」とは何か。
(2) RICE処置として，テーピングを行う事があるが，主にどのような場合か。
(3) テーピングの目的として専門知識が必要であるが，目的の主な4項目とは何か。
(4) テーピングの効果として，理解しなければならない主な6項目とは何か。
(5) テーピングを実施する際，テープを巻く前に理解しなければならない5項目とは何か。

● 重 要 語 句 集 ●

● ア 行

- アイソトニック飲料 …………… 65
- アクチンフィラメント ………… 7
- 足関節捻挫 ………………… 43
- アスリート喘息 …………… 27
- 亜脱臼 ………………… 36
- アデノシン三リン酸（ATP） …… 9
- アミノ酸価 ………………… 54

- 意識障害 ………………… 45
- 意識清明期 ………………… 44
- いわゆる足痛症 …………… 44
- インターバルトレーニング …… 75
- インピンジメント症候群 ……… 37

- ウォーミングアップ …………… 73
- 右心室 ………………… 11
- 右心房 ………………… 11
- 「うっかりドーピング」 ………… 6
- 運動器 ………………… 35
- 運動神経（遠心路） ………… 17
- 運動性無月経 ……………… 63
- 運動単位 ………………… 16
- 運動誘発性アナフィラキシー … 27
- 運動誘発性喘息（EIA） ……… 25

- 栄養成分表示 ……………… 52
- 栄養素密度 ………………… 58
- エナジーアベイラビリティ（エネルギー有用性）… 63
- エネルギー産生栄養素 ……… 51
- エネルギー産生栄養素バランス … 52
- エルゴジェニックエイド（エルゴジェニックス）… 65

- 横隔膜筋 ………………… 15
- 横紋筋 ………………… 7
- オーバーストレッチング ……… 83
- オーバートレーニング症候群 … 30
- オスグッド-シュラッター病 …… 42

● カ 行

- 外呼吸 ………………… 15
- 外旋筋群 ………………… 88
- 外肋間筋 ………………… 15
- かけひき ………………… 78
- ガス交換 ………………… 14
- 活性酸素 ………………… 55
- カルシウム ……………… 56
- 感覚神経（求心路） ………… 17
- 肝グリコーゲン …………… 53
- 関節可動域（ROM） ………… 83
- 関節唇 ………………… 36
- 関節遊離体（関節ネズミ） …… 38

- 気管支喘息 ………………… 25
- 偽関節 ………………… 39
- 起始 ………………… 40
- 技術トレーニング …………… 70
- 基礎体力 ………………… 72
- ──づくり ……………… 73
- 拮抗筋 ………………… 84
- 気道 ………………… 14
- 機能性成分 ………………… 52
- 臼蓋形成不全 ……………… 41
- 休養期 ………………… 61
- 胸郭 ………………… 14
- 棘上筋 ………………… 89
- 棘下筋 ………………… 89
- 筋グリコーゲン …………… 53
- 禁止方法 ………………… 6
- 筋外膜 ………………… 7
- 筋原線維 ………………… 7
- 筋線維 ………………… 7
- 筋束 ………………… 7
- 筋肉ポンプ ……………… 21
- 筋紡錘 ………………… 84
- 筋力トレーニング …………… 75

- クーリングダウン …………… 73
- クエン酸 ………………… 53

果物	60
グリコーゲン	53
グリセミックインデックス（GI）	53
クロスカントリー	75
脛骨粗面	42
頸髄損傷	46
血小板	13
減圧症	30
健康管理	1
健康寿命	4
健康障害	1
肩甲下筋	89
肩甲上腕関節	36
肩鎖関節	36
見当識障害	45
腱板	37
肩峰下滑液包	37
減量	64
高山病	28
高所トレーニング	29
高糖質食	61
行動体力	71
好発部位	35
後方脱臼	38
心のトレーニング	70
五大栄養素	52
骨格筋	7
骨芽細胞	18
骨棘	38
骨粗鬆症	18
骨軟骨	36
根性腰痛症	46

● サ　行

サーキットトレーニング	73
最大酸素摂取量	16
左心室	11
左心房	11
サプリメント	1, 65
三尖弁	12
酸素摂取量	16
思考力	78

支持作用	18
脂質（脂肪）	53
自信	80
持続的トレーニング	75
自動化	77
ジャンパー膝	42
舟状骨骨折	39
集中力	78
柔軟性	76, 83
主菜	60
主食	60
主働筋	84
瞬発力	76
小円筋	89
踵腓靱帯	43
上腕三頭筋	90
上腕二頭筋	90
食事バランスガイド	60
食物繊維	52
除脂肪体重	63
自律神経	13
自律神経系	2, 16
心筋	7
神経性無食欲症	64
シンスプリント	43
心臓震とう	22
身体活動強度（Physical Activity Level; PAL）	59
身体活動量	51
伸張性収縮	9
伸張反射	83, 84
随意筋	7
水泳肩（スイマーズショルダー）	37
水溶性食物繊維	58
スキューバ・ダイビング	30
スキン・ダイビング（息こらえ潜水）	29
スタティックストレッチング	85
ストレッチ	76
ストレッチング	49
スポーツ飲料（スポーツドリンク）	65
スポーツ栄養学	51
スポーツ外傷（・障害）	35, 97
スポーツ基本法	5
スポーツ心臓	13
スポーツによる突然死	20

スポーツ貧血	32	短縮性収縮	9
		炭水化物（糖質）	51
静的収縮	9	タンパク質	54
静的ストレッチング	85		
静的トレーニング	75	遅筋	72
整復	36	──線維	8
生理的燃焼値	51	窒素酔い	30
赤筋	8, 72	中枢神経系	16
赤血球	13	中殿筋	41
セルフストレッチング	85	調整期	61
前距腓靱帯	43	調整力	76
前十字靱帯損傷	41	腸腰筋	93
戦術トレーニング	70	貯蔵作用	18
全身持久力	16, 75		
潜水徐脈	29	槌指	39
前腕屈筋群	91		
前腕伸筋群	91	低圧	28
		低温	28
造血作用	18	底屈	43
相反性神経支配	84	低酸素	28
僧帽筋	87, 88	鉄	57
僧帽弁	12	鉄欠乏性貧血	32, 57
増量	63	電解質	2
ソケイ周辺部痛症候群（GPS：グローインペインシンドローム）	40	投球障害肩	37
速筋	72	糖質	53
──線維	8	等尺性収縮	9
		等速性収縮	9
● タ 行		等張性収縮	9
		動的収縮	9
大円筋	89	動的ストレッチング	85
体幹トレーニング	73	動的トレーニング	75
大胸筋	91	洞房結節	13
体脂肪率	63	ドーパミン A10 神経群	80
体重管理	63	ドーピング禁止物質	6
体循環	12	ドーピング検査	66
体性神経系	16	ドーピング防止	1
大腿四頭筋	94	トリカルボン酸（TCA）回路	11
大腿筋膜張筋	93	トレーニング期	61
大臀筋	93	トレーニングプログラム	1
大動脈弁	12		
ダイナミックストレッチング	85	● ナ 行	
Diving Reflex	21		
耐容上限量	55	内呼吸	15
体力トレーニング	70	内臓損傷	46
脱臼	36	内転筋群	93

内反	43
内反捻挫	101
内肋間筋	15
二関節固定の原則	49
日光障害	34
日本食品標準成分表2015	54
乳酸	10
乳酸性機構	10
乳製品	60
ニューロン	16
人間力	79
熱痙攣	23
熱失神	23
熱射病	24
熱疲労	23

● ハ 行

肺	14
肺活量	15
肺循環	12
肺スクイーズ	30
肺動脈弁	12
肺胞	14
ハイポトニック飲料	65
破骨細胞	18
白筋	8, 72
白血球	13
ハムストリングス	95
判断力	78
反復練習	77
PFCバランス	52
BMI（体格指数）	64
非根性腰痛症	46
ビタミン	2
ビタミンE	55
ビタミンC	55
ビタミンD	55
ビタミンB群	55
必須アミノ酸	54
腓腹筋	95
ヒラメ筋	95
ピルビン酸	10
疲労骨折	43, 56
フェアプレー	6
副菜	60
不随意筋	7
腹筋	15
foot strike 説	33
不溶性食物繊維	58
プラス思考	81
ブラックアウト現象	29
プラトー	77
フリーラジカル	55
分岐鎖アミノ酸（BCAA）	54
ペアストレッチング	85
平滑筋	7
ヘモグロビン	14, 57
防衛体力	71
房室結節	13
保護作用	18
保持増進	5
補食（間食）	52, 59
HOPS	102
POMS	31

● マ 行

末梢神経系	16
ミオグロビン	57
ミオシンフィラメント	7
無酸素運動	2
無酸素性機構	10
瞑想	81
目標意識	72

● ヤ 行

野球肘	38
有鉤骨骨折	39
有酸素運動	2
有酸素系	11

溶血性貧血 …………………………………… 33	リモデリング ………………………………… 18
腰椎横突起 …………………………………… 46	リン …………………………………………… 57
腰背筋群 ……………………………………… 92	リン過剰症 …………………………………… 57

● ラ 行

RICE処置 ………………………………… 48, 97	裂離骨折 ……………………………………… 40
	レペテーショントレーニング ……………… 75

〈執筆者紹介〉　　＊印編著者，執筆順

＊**岡田邦夫**（おかだ・くにお）　　序章
　　1951 年生まれ
　　1977 年　大阪市立大学（現大阪公立大学）医学部卒業
　　1982 年　大阪市立大学大学院医学研究科修了
　　　　　　大阪ガス株式会社本社産業医，同健康開発センター健康管理医長
　　2003 年　大阪ガス株式会社総括産業医，人事部健康管理センター所長
　　2008 年　大阪経済大学人間科学部客員教授（〜2017 年 3 月）
　　2010 年　大阪市立大学医学部臨床教授（〜2014 年 3 月）
　　2012 年　大阪ガス株式会社人事部大阪ガスグループ健康開発センター統括産業医
　　2018 年　大阪成蹊大学教育学部教授（〜2020 年 3 月）
　　現　在　特定非営利活動法人健康経営研究会理事長，女子栄養大学大学院客員教授，岡田産業医事務所代表
　　［主要著作］
　　『健康経営を科学する！』（分担執筆）大修館書店，2023 年
　　『安全配慮義務　判例とその意義』産業医学振興財団，2022 年
　　『「健康経営」推進ガイドブック』経団連出版，2015 年
　　『判例から学ぶ従業員の健康管理と訴訟対策ハンドブック』（共著）法研，2005 年

三村寛一（みむら・かんいち）　　第 1 章
　　1946 年生まれ
　　1971 年　大阪教育大学教育学部卒業
　　1972 年　大阪教育大学教育専攻科（体育）修了
　　1976 年　東京教育大学大学院体育学研究科修士課程体育学専攻修了
　　1990 年　学術博士（大阪市立大学）取得
　　1990 年よりカナダマックマスター大学へ文部省の在外研究員として研究留学
　　1991 年　大阪教育大学教育学部教授
　　2014 年　大阪成蹊大学理事・副学長・教育学部長・教授
　　現　在　大阪教育大学名誉教授，大阪成蹊大学名誉教授，滋慶医療科学大学・大学院客員教授
　　［主要著作］
　　『子どもにおける「体つくり運動」の基礎と実践』（編著）嵯峨野書院，2022 年
　　『新・スポーツ生理学（やさしいスチューデントトレーナーシリーズ 3）』（編著）嵯峨野書院，2018 年
　　『新・保育と健康』（編著）嵯峨野書院，2018 年
　　『スポーツ指導者のためのスポーツと法』（編著）嵯峨野書院，2011 年
　　『健康・スポーツの科学』（編著）嵯峨野書院，2006 年

＊**藤本繁夫**（ふじもと・しげお）　　第 2 章 I
　　1948 年生まれ
　　1973 年　大阪市立大学医学部卒業
　　1978 年　大阪市立大学大学院医学研究科（内科学）博士課程修了，医学博士
　　2000 年　大阪市立大学大学院医学研究科運動生体医学分野教授
　　現　在　大阪市立大学名誉教授
　　［主要著作］
　　『整形外科医のためのスポーツ医学概論』（共著）中山書店，2021 年
　　『新・スポーツ医学［改訂新版］（やさしいスチューデントトレーナーシリーズ 4）』（編著）嵯峨野書院，2020 年
　　『スポーツ医学研修ハンドブック』（共著）文光堂，2011 年
　　『スポーツ医学テキスト』（共著）金芳堂，2010 年
　　『初学者のための呼吸理学療法テキスト』（共著）メディカ出版，2010 年

＊大久保　衞（おおくぼ・まもる）　　第2章Ⅱ
　　1948年生まれ
　　1973年　大阪市立大学医学部卒業
　　1979年　大阪市立大学大学院医学研究科（整形外科学）博士課程修了，医学博士
　　1998年　（医）貴島会　ダイナミックスポーツ医学研究所所長
　　2003年　びわこ成蹊スポーツ大学競技スポーツ学科教授（トレーニング・健康コース）
　　現　在　びわこ成蹊スポーツ大学名誉教授
　　［主要著作］
　　『新・スポーツ医学［改訂新版］（やさしいスチューデントトレーナーシリーズ4）』（編著）嵯峨野書院，2020年
　　『スポーツ医学テキスト』（共著）金芳堂，2010年
　　『スポーツ学のすすめ』（共著）大修館書店，2008年
　　『バイオメカニクスよりみた整形外科（改訂第2版）』（共著）金原出版，1993年
　　『図説　外傷・障害とトレーニングの実際』（共著）医道の日本社，1992年
　　『臨床スポーツ医学』（共著）南山堂，1989年

　井奥加奈（いおく・かな）　　第3章
　　1965年生まれ
　　1989年　神戸大学教育学部中学家政科卒業
　　1991年　大阪市立大学大学院生活科学研究科前期博士課程栄養・保健学専攻修了
　　1992年　大阪市立大学大学院生活科学研究科後期博士課程食品栄養科学専攻中退
　　2006年　博士（学術）取得
　　現　在　大阪教育大学教育学部教授

　比嘉　悟（ひが・さとる）　　第4章
　　1950年生まれ
　　1973年　日本体育大学卒業
　　2014年　芦屋大学学長
　　2021年　桃山学院教育大学副学長
　　現　在　近畿医療専門学校副校長
　　［主要著作］
　　『人間力の育成』（共著）金子書房，2020年
　　『人間力を育てる』三省堂書店，2017年
　　『指導者と生徒が光り輝く心のトレーニング』株式会社ERP，2014年
　　『未来創造型指導者――謙虚に，常に心を磨く』アップワード社，2013年

　中村浩也（なかむら・ひろや）　　第5章
　　1971年生まれ
　　1994年　大阪教育大学教育学部小学校課程保健体育専攻卒業
　　2003年　大阪教育大学大学院教育学研究科修了
　　2013年　東京学芸大学大学院連合学校教育学研究科単位取得満期退学
　　2013年　博士（教育学）取得
　　現　在　桃山学院教育大学人間教育学部学部長・教授
　　　　　　総合型地域スポーツクラブ「桃教スポーツアカデミー」理事長
　　［主要著作］
　　『部活動学』（共著）ベースボール・マガジン社，2020年
　　『テーピング（やさしいスチューデントトレーナーシリーズ9）』（共著），嵯峨野書院，2002年

前田為康（まえだ・ためやす）　　第6章
　　1968年生まれ
　　1990年　大阪学院大学卒業
　　1993年　東京衛生学園専門学校鍼灸科卒業
　　1995年　東京医療専門学校柔道整復科卒業
　　2012年　ロンドンパラリンピック陸上日本選手団トレーナー帯同
　　2016年　リオデジャネイロパラリンピック陸上日本選手団トレーナー帯同
　　2021年　2020東京パラリンピック陸上日本選手団トレーナー帯同
　　現　在　前田中国医学研究院グループ代表，（一社）メディカル・フィットネス協会常務理事
［主要著作］
『障がいを持つ子のための「リセプター療法」』知道出版，2015年
『コンディショニング（やさしいスチューデントトレーナーシリーズ8）』（共著）嵯峨野書院，2002年
『おかあさんのための小児科東洋医学』（共著）現代書林，1996年
『東洋医学全書』現代書林，1996年
『老年性痴呆症からの生還』現代書林，1994年

やさしいスポーツ医科学の基礎知識　　　　　　　　　　　　　　≪検印省略≫

　2016年6月20日　第1版第1刷発行
　2018年4月20日　第1版第2刷発行
　2021年4月10日　第1版第3刷発行
　2024年5月20日　第1版第4刷発行

　　　　　　　　　監　修　一般社団法人　メディカル・フィットネス協会
　　　　　　　　　編著者　藤　本　繁　夫
　　　　　　　　　　　　　大　久　保　衞
　　　　　　　　　　　　　岡　田　邦　夫
　　　　　　　　　発行者　前　田　　　茂
　　　　　　　　　発行所　嵯　峨　野　書　院

〒615-8045　京都市西京区牛ヶ瀬南ノ口町39　電話(075)391-7686　振替01020-8-40694

　©Medical Fitness Association, 2016　　　　　　創栄図書印刷・吉田三誠堂製本所
　　　　　　　　　ISBN978-4-7823-0548-5

JCOPY 〈出版者著作権管理機構 委託出版物〉
本書の無断複写は著作権法上での例外を除き禁じられています。複製される場合は，そのつど事前に，出版者著作権管理機構（電話03-5244-5088, FAX03-5244-5089, e-mail: info@jcopy.or.jp）の許諾を得てください。

◎本書のコピー，スキャン，デジタル化等の無断複製は著作権法上での例外を除き禁じられています。本書を代行業者等の第三者に依頼してスキャンやデジタル化することは，たとえ個人や家庭内の利用でも著作権法違反です。

やさしい スチューデント トレーナー シリーズ

1 スポーツ社会学
八木田恭輔 編

B5・並製・114頁・定価（本体1900円＋税）

- 第1章　社会体育の基本的な考え方
- 第2章　スポーツと社会
- 第3章　スポーツと文化
- 第4章　スポーツと組織活動
- 第5章　地域とスポーツ活動

2 新 スポーツ心理学
伊達萬里子 編

B5・並製・198頁・定価（本体2600円＋税）

- 第1章　スポーツ心理学の内容
- 第2章　スポーツスキルの制御と学習
- 第3章　スポーツスキルの効果的な学習法
- 第4章　スポーツの動機づけ
- 第5章　スポーツと発達
- 第6章　スポーツ集団の構造と機能
- 第7章　スポーツマンの性格と態度
- 第8章　スポーツと心の健康
- 第9章　スポーツにおける「あがり」
- 第10章　スポーツカウンセリング
- 第11章　コーチングの心理

3 新 スポーツ生理学
三村寛一・鉄口宗弘 編

B5・並製・144頁・定価（本体2400円＋税）

- 第1章　骨格系とスポーツ
- 第2章　筋肉とスポーツ
- 第3章　呼吸器系とスポーツ
- 第4章　循環器系とスポーツ
- 第5章　脳・神経系とスポーツ
- 第6章　エネルギー代謝とスポーツ
- 第7章　代謝とスポーツ
- 第8章　体温調節とスポーツ
- 第9章　免疫系とスポーツ
- 第10章　内分泌系とスポーツ
- 第11章　肥満とスポーツ
- 第12章　運動プログラムの理論
- 第13章　運動プログラムの実践例

4 新 スポーツ医学 [改訂新版]
藤本繁夫・大久保衞 編

B5・並製・292頁・定価（本体3500円＋税）

- 第1章　スポーツ医学とは
- 第2章　スポーツと健康
- 第3章　スポーツ選手の健康管理
- 第4章　特殊環境下でのスポーツ障害とその予防
- 第5章　スポーツ選手に起こりやすい病気と内科的障害
- 第6章　スポーツ選手に起こりやすい運動器の外傷・障害
- 第7章　スポーツ外傷・障害後のリハビリテーション，パラスポーツ
- 第8章　生活習慣病とスポーツ
- 第9章　コンディショニング
- 第10章　遠征でのスポーツ医学
- 第11章　スポーツと嗜好品，サプリメント，薬物
- 第12章　救急処置

5 新 スポーツ栄養学
井奥加奈 編

B5・並製・188頁・定価（本体2600円＋税）

- 第1章　食事設計と健康
- 第2章　栄養と運動
- 第3章　栄養素の消化・吸収
- 第4章　エネルギー代謝と身体活動
- 第5章　日本人の食事摂取基準
- 第6章　肥満と身体組成
- 第7章　スポーツのための食事学——中学・高校生の成長期のアスリートに向けて
- 第8章　水分補給

6 スポーツ指導論
三村寛一 編

B5・並製・134頁・定価（本体2100円＋税）

- 第1章　スポーツ指導の意義と目標
- 第2章　トレーニング計画とその様式
- 第3章　指導段階とその設定
- 第4章　指導形態と適正人数
- 第5章　指導施設の選択と用具の準備
- 第6章　指導計画作成の実際

7 アスレティック・リハビリテーション
小柳磨毅 編

B5・並製・216頁・定価（本体2850円＋税）

- 第1章　アスレティック・リハビリテーション総論
- 第2章　部位・疾患別リハビリテーション
- 第3章　競技特性とリハビリテーション

8 コンディショニング
小柳磨毅 編

B5・並製・148頁・定価（本体2300円＋税）

- 第1章　コンディショニング
- 第2章　ストレッチングの実際
- 第3章　PNFの実際
- 第4章　関節モビリゼーションの実際
- 第5章　スポーツマッサージの実際
- 第6章　アイシングの実際
- 第7章　コンディショニングのための測定法

9 テーピング
髙木信良 編

B5・並製・110頁・定価（本体2200円＋税）

- 第1章　テーピングとは
- 第2章　テーピングを実施する前に
- 第3章　テーピングの基本テクニック
- 第4章　基本となる巻き方
- 第5章　応急手当のテーピング
- 第6章　再発予防のテーピング